ABOU Awesome Book of yoUrs

ABOU Awesome Book of yoUrs

질문과 생각을 함께 나누는
질문하는 어린 왕자
The little prince asking questions

안트완 드 생텍쥐베리 지음
초등독서교육연구회 생각의 그물 엮음

ABOU Awesome Book of yoUrs

생각의 그물 연구회

'생각의 그물 연구회'는 '생각하는 수업'을 궁리하는 초등학교 선생님들의 모임입니다.
연구회 선생님들은 매일 학생들의 생각을 끌어올리기 위한 그물을 찬찬히 다듬고 손질하며 지냅니다.

김인정
초등학교에서 독서와 책쓰기를 지도하는 수석교사입니다. 책 속에 감추어진 보물을 찾아 수업 자료를 만드느라고 자신에게 엄청난 질문을 하고 있습니다. 겉에 보이는 것보다 속에 있는 것을 좋아해서 종종 외로워하며 어린 왕자를 만나고 싶어 합니다. '그림책 작가가 되어보자'라는 책을 지었습니다.

김현정
어릴 때부터 주인공이 미지의 세계로 떠나 모험하는 이야기를 좋아했습니다. 지금은 초등학교에서 아이들을 가르치고 있는 교사입니다. 마음이 잘 통하는 선생님들과 함께 인문 독서 수업에 관한 좋은 자료를 만들어 나누는 일을 하면서 언젠가 어린 왕자를 만나 함께 여행하는 꿈을 꾸고 있습니다.

안현정
오랫동안 경기도 교육청에서 인문독서교육 정책을 수행하였습니다. 아이들이 어떻게 하면 책읽기를 통해 생각을 깊고 신중하게 할 수 있을까 고민하며 현장 선생님들과 함께 어울려 독서 자료를 만들었습니다. 지금은 초등학교의 교감으로서 책쓰기 연구회를 함께 이끌고 있습니다.

양승지
경기도교육청에서 인문독서정책연구회 회원으로 여러 편의 독서 수업을 위한 자료를 만들었습니다. 지금은 잠시 교실을 떠나 한 살 짜리 아기를 키우는 데에 시간을 들이고 있습니다. 세상에 단 하나뿐인 예쁜 아기에 대한 가장 행복한 책임을 배우는 중입니다.

조진희
전 세계 여러 나라에서 온 아이들과 배움을 나누고 있는 초등학교 교사입니다. 어린 왕자의 별과 같은 작은 교실에서 매일 나에게 특별한 아이들을 마음으로 보살피고 있습니다. 오랫동안 서로를 길들여 온 선생님들과 함께 여러 나라의 말로 구성된 '용신 이야기'라는 그림책을 지었습니다.

한영숙
교실에서 아이들과 책을 읽고 함께 이야기하는 것을 좋아하는 초등교사입니다. 감추어진 아름다움을 찾아낼 수 있는 어른이 되고자 초등 국어과 연구회를 십 년 동안 이끌었습니다. 어린이들의 꿈을 위한 그림책 '동그라미?'를 지었습니다.

황라미
이야기에 빠져드는 것을 좋아하는 초등학교 교사입니다. 교육대학을 졸업한 후 대학원에서 미술교육을 공부했습니다. 연구회 선생님들과 소통하고 배우면서 인문 독서 수업에 대한 자료를 만들며 삽화를 그렸습니다. 어린 왕자가 사막의 우물을 찾아가듯이 삶 속에 숨겨진 길을 찾아가는 중입니다.

질문하는 어린 왕자

The little prince asking questions

초등독서교육연구회 생각의 그물

ABOU Awesome Book of yoUrs

ABOU Awesome Book of yoUrs

ABOU Awesome Book of yoUrs

목차

1장	11p
1. 어린시절의 보아뱀	12p
2. 어린 왕자와의 만남	15p
✏ 생각을 나누어 봅시다	21p
2장	23p
3. 신비로운 어린 왕자	24p
4. 소행성 B-612	27p
5. 바오밥 나무	32p
✏ 생각을 나누어 봅시다	37p
3장	39p
6. 석양을 바라보는 마음	40p
7. 장미꽃과 어린 왕자	41p
8. 가시를 품은 꽃	46p
9. 여행 준비	52p
✏ 생각을 나누어 봅시다	56p
4장	59p
10. 왕	60p
11. 허영쟁이	66p
12. 주정뱅이	69p
✏ 생각을 나누어 봅시다	71p
5장	75p
13. 사업가	76p
14. 가로등 지기	80p
15. 지리학자	84p
16. 지구	88p
✏ 생각을 나누어 봅시다	89p

목차

6장		93p
	17. 사막의 뱀	94p
	18. 볼품 없는 꽃	98p
	✎ 생각을 나누어 봅시다	100p
7장		103p
	19. 여우와 어린 왕자	104p
	20. 장미꽃들	106p
	✎ 생각을 나누어 봅시다	109p
8장		113p
	21. 메아리	114p
	22. 철도 신호원	121p
	✎ 생각을 나누어 봅시다	123p
9장		125p
	23. 53분	126p
	24. 사막의 우물	128p
	25. 도르래와 두레박	132p
	✎ 생각을 나누어 봅시다	136p
10장		139p
	26. 독을 품은 노란 뱀	140p
	27. 편지	148p
	✎ 생각을 나누어 봅시다	150p
* 활동지 답지		155p

ABOU Awesome Book of yoUrs

1장

1. 어린 시절의 보아뱀

나는 여섯 살 때 '자연의 진실'이라는 원시림에 관한 책에서 커다란 보아 구렁이가 동물을 통째로 집어삼키고 있는 그림을 보았다. 그 그림은 정말 엄청났다. 이 그림은 내가 보았던 그림을 그대로 흉내 내어 그려본 것이다.

거기에는 이런 글이 쓰여 있었다.

'보아뱀은 먹이를 씹지도 않고 통째로 집어삼킨다. 그러고 나서 움직이지도 못하고 먹은 것이 소화될 때까지 여섯 달 동안이나 잠을 잔다.'

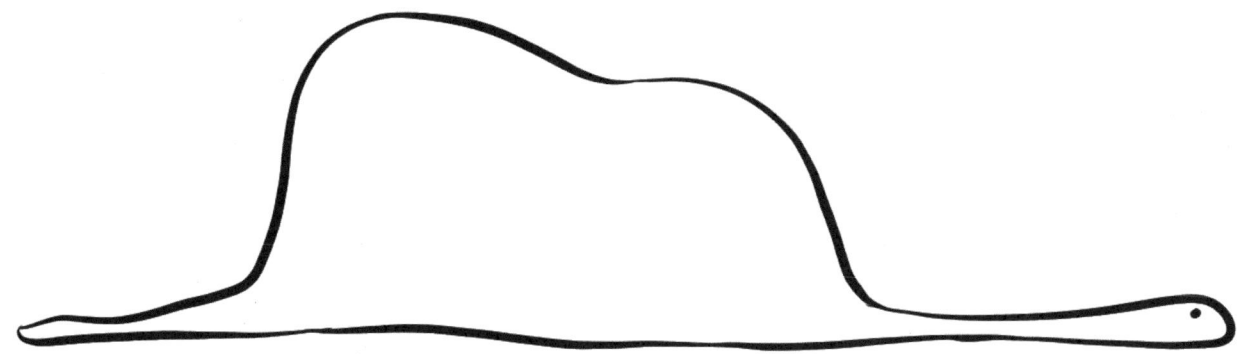

나는 그 그림을 본 후 한참 동안 밀림에서 모험하는 상상에 빠졌다. 그리고 색연필로 내 인생의 첫 번째 그림을 완성했다. 나의 그림 1호였다. 그것은 이런 그림이었다.

나는 어른들에게 나의 멋진 걸작을 보여주면서 무섭지 않냐고 물었다.

어른들은 "무섭냐고? 내가 왜 모자를 무서워해야 하는 거냐?"라고 대답했다.

내 그림은 모자를 그린 것이 아니었다. 그것은 코끼리를 소화하고 있는 보아뱀이었다. 하지만 어른들은 내 그림을 이해하지 못했기 때문에 나는 그림을 하나 더 그렸다.

이번에는 어른들이 확실히 볼 수 있도록 보아뱀의 속까지 그렸다. 어른들에게는 언제나 설명을 해주어야 한다. 나의 그림 2호는 이랬다.

어른들은 내게 겉이건 속이건 간에 그런 보아뱀 그림 같은 것은 집어치우고 지리나 역사, 계산, 그리고 문법 같은 것에 관심을 두고 공부하는 것이 좋을 거라고 충고를 해주었다.

그래서 나는 여섯 살에 '화가'라는 멋진 직업을 포기해 버렸다. 내 그림 1호와 2호를 실패한 것이 매우 속상했기 때문이다.

어른들은 혼자서는 아무것도 이해하지 못한다. 어린이들이 언제나 계속 설명을 해주어야 하니 얼마나 피곤한지 모르겠다. 그래서 나는 다른 직업을 선택했다. 나는 비행기 조종법을 배워서 세계 이곳저곳을 거의 안 가본 데 없이 날아다녔다. 지리 공부가 매우 쓸모 있다는 말은 사실이었다. 나는 한번 슬쩍 보고도 중국과 애리조나를 구별할 수 있었다. 특히 밤에 길을 잃었을 때 그런 지식은 정말 쓸모가 있었다.

나는 지금까지 살아오면서 점잖은 사람들을 많이 만났다. 어른들 가운데에서 살아온 것이다. 나는 가까이에서 그들을 많이 볼 수 있었지만 내 생각이 별달리 나아지지는 않았다. 나는 어느 정도 똑똑해 보이는 사람을 만날 때마다 내가 늘 간직해 오고 있던 내 그림 1호를 가지고 그 사람을 시험해 보고는 하였다. 그 사람이 정말로 무언가를 이해할 수 있는 사람인지 알고 싶었기 때문이다. 그렇지만 언제나 그 사람은 "이건 모자네!"라고 대답하는 것이었다. 그러면 나는 절대로 그에게 보아뱀, 원시림, 그리고 별 이야기는 하지 않았다. 나는 수준을 낮춰서 브리지 게임이나 골프, 정치나 넥타이 이야기나 늘어놓았다. 그러면 그 어른은 매우 교양 있는 사람을 알게 되었다고 몹시 기뻐했다.

질문하는 어린 왕자

1. 어른들은 왜 글쓴이의 그림 1호를 이해하지 못했을까요?
2. 여러분은 그림 1호를 보면 무슨 그림인지 이해할 수 있을 것 같나요?
3. 어른들의 충고는 언제나 쓸모가 있나요? 왜 그렇게 생각하나요?
4. 어른이 되어서 글쓴이는 왜 만나는 사람들을 시험해 보고는 하였나요?
5. 글쓴이가 만나는 어른들에게 했던 시험은 목적에 알맞은 방법이었을까요?

2. 어린 왕자와의 만남

그래서 나는 6년 전 내 비행기가 사하라 사막에서 고장을 일으키기 전까지는 진심으로 이야기를 나눌 수 있는 상대도 없이 혼자 외롭게 살고 있었다.

6년 전, 내 비행기의 엔진이 고장이 났다. 나는 정비사도 승객도 없이 비행하고 있었기 때문에 나 혼자서 이 복잡한 엔진을 고칠 준비를 하였다. 그것은 나에게는 죽느냐 사느냐의 문제였다. 마실 물이 일주일 치 밖에 남아있지 않았기 때문이다.

비행기가 고장 난 첫날밤, 나는 사람들이 사는 곳에서 수백만 킬로미터나 떨어진 사막의 모래 위에서 잠을 잤다. 대양 한가운데서 뗏목을 타다가 조난한 선원보다 나는 더 고립되어 있었다. 그러니 해가 뜰 무렵, 어느 신비로운 아이의 목소리가 나를 깨웠을 때 내가 얼마나 놀랐을지 여러분은 짐작이 갈 것이다.

그 목소리는 말했다.

"양 한 마리만 그려 주세요!"
"뭐?"

"양 한 마리만 그려 주세요."

나는 기겁을 하고 펄쩍 뛰어오르듯이 일어나 눈을 크게 뜨고 사방을 둘러보았다. 그랬더니 정말로 내 눈앞에 범상치 않게 생긴 작은 남자아이가 나를 심각한 얼굴로 바라보고 있는 것이었다.

이 그림은 나중에 내가 그를 그린 것 중에 가장 잘 그려진 것이다.

하지만 당연히 내 그림은 그의 실제 모습보다 훨씬 매력적이지 않다. 그건 내 잘못이 아니다. 여섯 살 때 어른들이 나는 화가로 살기 힘들다고 나를 좌절시켰다. 때문에 나는 겉에서 보는 보아뱀이나 안쪽 모습이 보이는 보아뱀 말고는 아무것도 그리는 연습을 해본 적이 없었으니 말이다.

어쨌든 나는 너무나 경악해서 눈을 휘둥그렇게 뜨고 난데없이 나타난 그 아이를 노려보았다. 여러분은 내가 사람들이 사는 곳에서 수백만 킬로미터 떨어진 곳에 있었다는 사실을 잊지 말아 주길 바란다. 그런데 그 아이는 피곤함이나 배고픔과 목마름, 그리고 두려움에 시달리는 것 같지도, 사람들이 사는 곳에서 수백만 킬로미터 떨어진 사막 한가운데에서 길을 잃은 어린아이 같지도 않았다. 이윽고 나는 겨우 말을 할 수 있게 되어 그에게 말했다.

"아니 너, 여기에서 뭐 하는 거니?"

그러자 그는 엄청나게 중요한 문제인 것처럼 아주 천천히 했던 말을 반복했다.

"양 한 마리만 그려 주세요."

신비스러움이 너무 압도적이면 사람은 순순히 무언가에 순종하지 않을 수가 없게 된다. 사람들이 사는 곳과 수백만 킬로미터 떨어진 곳에서 죽을 위험에 처해 있던 나는 참으로 이상한 짓이라고 느끼면서도 주머니에서 종이 한 장과 만년필을 꺼냈다. 그러나 그때 나는 지리, 역사, 계산과 문법을 공부했을 뿐이었다는 것을 떠올리고는 그 어린 소년에게 언짢은 표정으로 말했다.

"나는 그림을 그릴 줄 몰라."

"상관없어요. 양 한 마리만 그려 주세요."

나는 양은 한 번도 그려본 적이 없었다. 그래서 나는 내가 그릴 수 있는 단 두 가지 그림 중 하나를 그려 주었다. 내 1호 보아뱀의 그림 말이다. 그러자 그 어린 소년은 이렇게 말하는 것이었다.

"아냐, 아냐, 보아뱀 속 코끼리는 싫어. 보아뱀은 아주 위험한 동물이에요. 그리고 코끼리는 아주 거추장스럽고. 내가 사는 곳에는 모든 게 아주 작거든요. 내가 필요한 것은 양이야. 양 한 마리만 그려 주세요."

그래서 나는 양을 그렸다.
그는 그림을 주의 깊게 바라보더니 말했다.
"안돼! 이 양은 벌써 병이 들었잖아요. 다른 걸 그려 주세요."

나는 다른 걸 또 그렸다.
내 친구는 상냥하고 너그럽게 웃으며 말했다.

"이것 좀 보세요, 이건 양이 아니라 염소예요. 뿔이 있잖아요."

그래서 난 또다시 그렸다.

그러나 그것도 앞의 그림처럼 거절을 당했다.

"이 양은 너무 늙었어. 난 오래 살 수 있는 양을 원해요."

나의 인내심은 한계에 달했다. 나는 빨리 엔진을 분해해야 했기 때문이다. 그래서 이 그림을 끄적거려서 그에게 툭 던졌다.

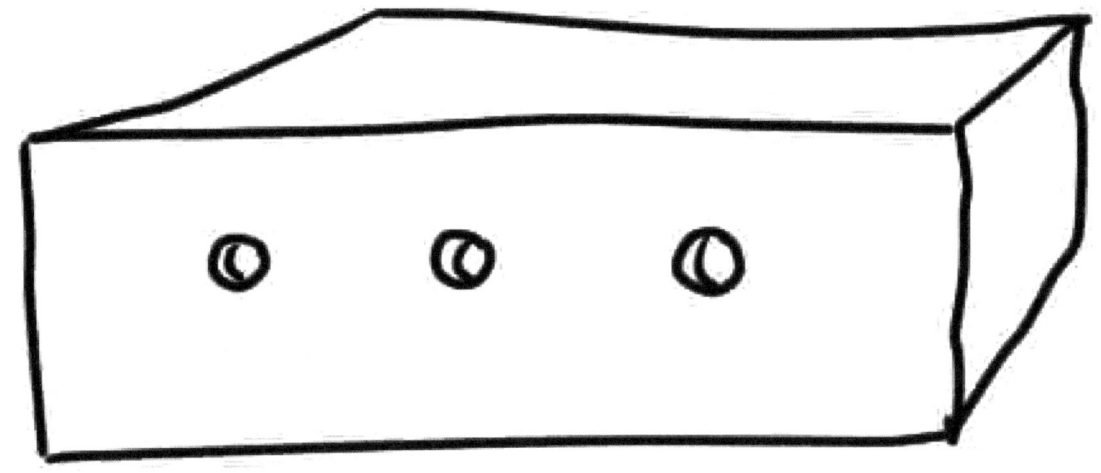

"이건 상자야. 네가 부탁한 양은 그 안에 있어."

그러자 나의 어린 심판관의 얼굴이 환히 밝아지는 것이었다. 나는 깜짝 놀랐다.

"이게 바로 내가 원하던 거야! 이 양은 풀을 많이 먹을까요?"

"왜 그런 걸 묻니?"

"내가 사는 곳은 모든 게 아주 작거든요."

"아마 거기 있는 풀로 충분할 거다. 내가 너에게 준 양은 아주 작은 거라서."

그는 고개를 숙여 그림을 들여다보았다.

"그렇게 작은 건 아닌데, 봐요! 양이 잠들었어요!"

이렇게 해서 나는 이 어린 왕자를 알게 되었다.

질문하는 어린 왕자

1. 글쓴이는 왜 진심으로 이야기를 나눌 상대가 없었을까요?
2. 외롭다는 말의 의미는 무엇인가요? 우리는 언제 외로울까요?
3. 글쓴이 앞에 나타난 어린 왕자는 누구일까요?
4. 어린 왕자는 왜 양을 그려달라고 했을까요?
5. 어린 왕자가 글쓴이의 외로움을 해결해 줄 것 같은가요?

> 생각을 나누어 봅시다.

💡 **이 책을 쓴 작가에 대한 글입니다. 알맞은 낱말에 ○ 하거나 (   ) 안에 알맞은 낱말을 써봅시다.**

- 나는 (어린이   어른   여자   남자)입니다.
- 나의 직업은 (조종사   지리학자)입니다.
- (여섯   열다섯)살 때, (공룡   보아뱀)이 그려진 책을 보았습니다.
- 내가 처음 갖게 된 꿈은 (화가   교사)입니다.
- 어른들은 내게 이런 그림은 집어치우고, (,   ,   )을 배우는 것이 좋을 것이라고 (충고   지시   격려)를 했습니다.

💡 **다음 문장 속 낱말의 뜻을 짐작하여 써보고 그 낱말을 넣어서 문장을 만들어 봅시다.**

| | 대양 한 가운데서 뗏목을 타다 조난한 선원보다도 나는 더 고립되어 있었다. | |

낱말	내가 짐작한 뜻	간단한 문장
대양		
조난		
고립		

💡 다음 두 그림의 공통점을 5가지 이상 써봅시다.

① _____

② _____

③ _____

④ _____

⑤ _____

💡 우리는 어떤 것을 배우며 살아야 할지, 아래의 표에 자기의 생각을 써봅시다.

〈보기〉 수학, 역사, 지리, 영어, 요리, 글쓰기, 대화하기, 수영 등

순위	배워야 할 것	이 유
1		
2		
3		

위의 내용을 엮어서 글로 써봅시다.

제목 : _____

_____

_____

_____

_____

2장

3. 신비로운 어린왕자

그 아이가 어디에서 왔는지 알게 되는 데에는 시간이 꽤 오래 걸렸다. 어린 왕자는 내게 많은 것을 물어보면서도 내가 묻는 말은 별로 듣지를 않았다. 그래서 나는 그가 우연히 한 말들을 조금씩 꿰맞추어 차츰차츰 많은 것을 알게 되었다. 예를 들면, 그는 처음 내 비행기를 보았을 때(나는 내 비행기를 그리지는 않겠다. 그건 너무 복잡하기 때문이다.) 이렇게 물었다.

"이 물건은 도대체 뭐예요?"

"이건 그냥 물건이 아니야. 이건 날아다니는 거야. 비행기지. 이건 내 비행기야."

내가 날아다닌다는 것을 그에게 가르쳐 주면서 나는 우쭐해졌다. 그랬더니 그가 소리쳤다.

"뭐? 아저씨가 하늘에서 떨어졌다고요?"

"그래."

나는 겸손하게 대답했다.

"우와! 그거 되게 웃기네요."

그러고는 어린 왕자는 '까르르'하고 신나게 웃음을 터뜨렸다. 나는 기분이 몹시 나빠졌다. 나의 불행을 진지하게 받아들이지 않는 것 같았기 때문이었다. 그런데 그가 말을 덧붙였다.

"그럼, 아저씨도 하늘에서 왔군요. 어느 별에서 왔어요?"

그 순간, 나는 문득 이 신비로운 존재를 이해하는 데에 한 줄기 서광이 비치는 걸 깨달고 서둘러 물어보았다.

"그럼 넌 다른 별에서 왔니?"

하지만 그는 내 물음에 대답은 하지 않고 내 비행기를 바라보며 가만히 고개를 끄덕이는 것이었다.

"저걸 타고서는 그렇게 멀리서 오지는 못했겠네."

그러고는 한참 동안 깊은 생각에 잠기더니 내가 그려 준 양 그림을 주머니에서 꺼내어 그 보물을 열심히 들여다보았다.

'다른 별'이라는, 이 비밀스러운 말에 나의 호기심이 얼마나 솟구쳤을지 여러분은 아마 짐작할 수 없을 것이다.

"꼬마야, 너는 어디에서 왔니? '네가 살던 곳'이란 어디를 말하니? 너의 양을 어디로 데려가고 싶은 거니?"

그는 생각에 잠기더니 이렇게 대답했다.

"아저씨가 저에게 준 상자는 정말 좋아요. 밤에는 양이 이 상자를 집으로도 쓸 수 있으니까요."

"그건 그래. 만일 네가 착한 아이라면 내가 낮 동안 양을 매 놓을 수 있는 줄하고 말뚝도 줄게."

하지만 어린 왕자는 나의 제안에 몹시 충격을 받은 것 같았다.

"매 놓는다고요? 그거 정말 이상한 생각이네."

"하지만 양을 매 놓지 않으면 아무 데로 막 가서 길을 잃어버릴 수도 있잖니."

그러자 내 친구는 까르르 웃음을 터뜨렸다.

"아니, 양이 어디로 가요?"

"어디든지, 곧장 앞으로."

그랬더니 어린 왕자는 진지하게 말했다.

"괜찮아요. 내가 사는 곳은 모든 게 아주 작거든요!"

그러고는 약간 서글픈 느낌으로 덧붙였다.

"앞으로 곧장 가도… 아무도 아주 멀리 갈 수가 없는걸요."

4. 소행성 B-612

그래서 나는 아주 중요한 두 번째 사실을 알게 되었다. 그것은 그가 집 한 채 만 한 작은 별에서 왔다는 것이다!

사실 나에게 그게 그렇게 놀랄 일은 아니었다. 나는 지구나 목성, 화성, 그리고 금성같이 사람들이 이름을 붙인 커다란 행성들 이외에도 수백 개의 행성들이 있으며, 그중에는 망원경으로도 볼 수 없을 만큼 아주 작은 것들도 있다는 사실을 매우 잘 알고 있었기 때문이다. 천문학자가 그런 행성을 발견하면 이름이 아닌 번호를 매긴다. 예를 들면 '소행성 3251'과 같이 부르는 것이다. 나는 어린 왕자가 소행성 'B-612'라고 알려진 소행성에서 왔다고 믿을만한 상당한 근거를 가지고 있었다. 그 행성은 1909년에 딱 한 번, 터키의 한 천문학자의 망원경에 포착되었다.

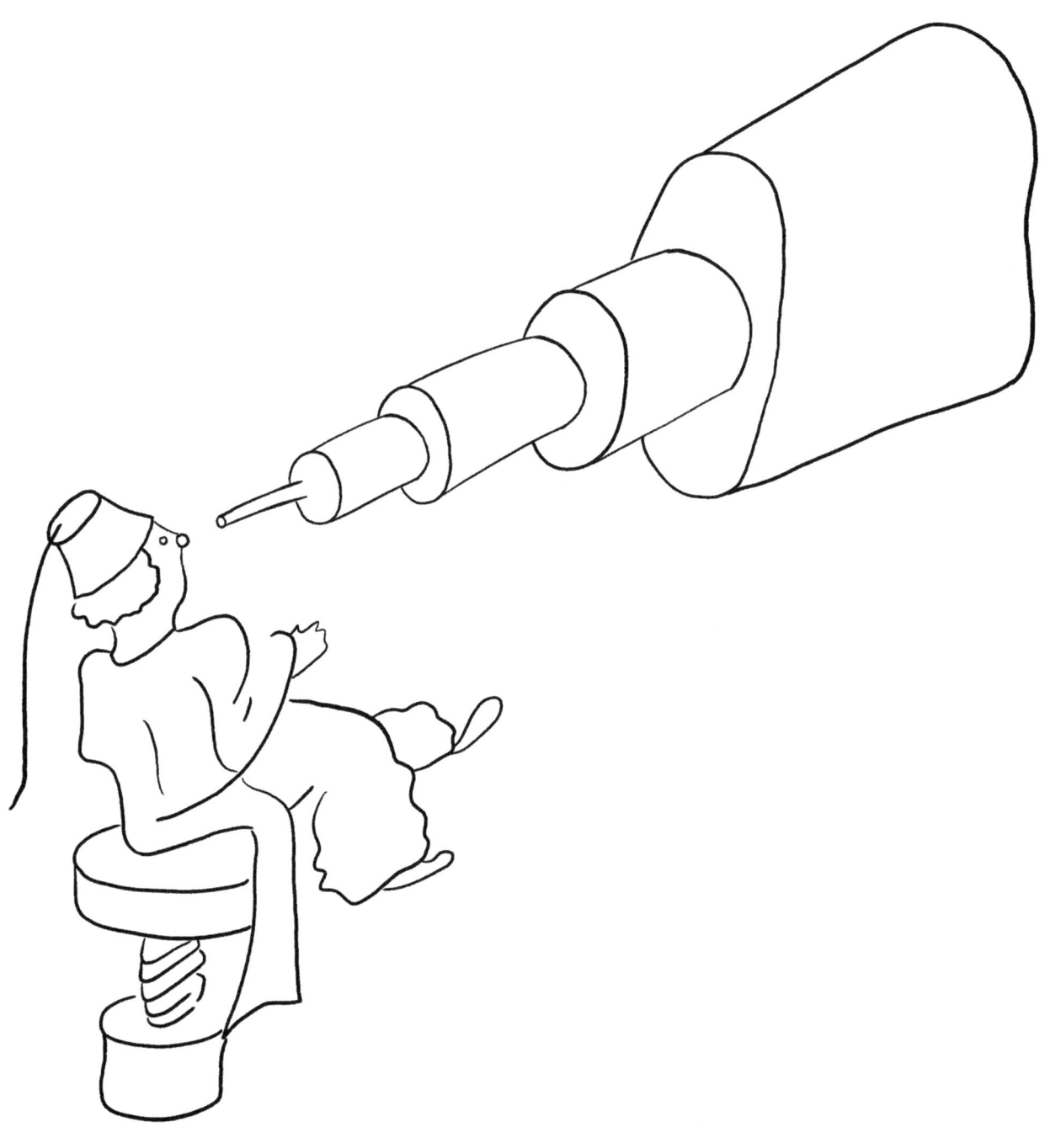

그 당시 그 천문학자는 국제 천문학 학술대회에서 자신이 발견한 것을 매우 훌륭하게 발표하였다. 그러나 그가 입은 터키 민속 의상 때문에 아무도 그의 말을 믿으려 하지 않았다. 어른들이란 참, 그렇다. 그 이후 터키의 한 독재자가 국민에게 모두 유럽식 복장을 하지 않으면 사형에 처한다고 선언했는데, 그것은 소행성 'B-612'가 유명해지는 데에 큰 도움이 되었다.

1920년, 그 천문학자는 매우 멋진 양복을 입고 다시 한 번 발표하였다. 그러자 이번에는 모두가 그의 보고를 믿었다.

내가 여러분에게 이 행성에 대해 이렇게 자세히 번호까지 이야기하는 것은 숫자를 좋아하는 어른들의 사고방식 때문이다. 만약 여러분이 어른들에게 새로 사귀게 된 친구에 대해 말하면 그들은 절대 가장 중요한 것을 묻지 않는다. 어른들은 이런 말은 절대로 하지 않는다.

"그 친구 목소리는 어떠니? 그 친구는 무슨 게임을 좋아해? 나비를 수집하니?"
어른들은 이렇게 묻는다.
"몇 살이니? 형제는 몇 명이야? 몸무게는 얼마나 나가니? 아버지는 돈을 얼마나 버신대?"
어른들은 이런 물음을 통해서만이 그 친구가 어떤 사람인지 안다고 생각하는 것이다.
만약 여러분이 어른들에게 이렇게 말한다면 어른들은 그 집이 어떤 집인지 이해 못 할 것이다.
"창가에 제라늄이 피어있고, 지붕 위에 비둘기가 앉아 있는 빨간 벽돌집을 보았어요."
어른들에게는 이렇게 말해야만 한다.
"십만 프랑짜리 집을 보았어요."
그러면 그들은 감탄할 것이다.
"오, 참 예쁜 집이구나!"
그러므로 내가 어른들을 향해 다음과 같은 말을 한다면 무슨 소용이겠는가.
"어린 왕자가 매력적이었고, 웃었고, 양 한 마리를 가지고 싶어 했다는 것이 바로 그가 이 세상에 존재했었다는 증거야. 만약 어떤 사람이 양을 한 마리 갖고 싶어 한다면 그게 바로 어린 왕자가 이 세상에 존재한다는 증거야."
어른들은 이 말을 들으면 아마도 어깨를 으쓱하면서 나를 어린아이 취급을 할 것이다. 그러나 만약 어른들에게 다음과 같이 말하면 그들은 그 말을 이해하고 더 이상 이런저런 질문을 하면서 나를 성가시게 하지 않을 것이다.
"그가 떠나온 별은 소행성 B-612입니다."
어른들은 다 그렇다. 그들에게 맞서서는 안 된다. 어린이들은 항상 어른들을 너그럽게 대해야만 한다. 하지만 우리는 인생을 이해하기 때문에 숫자 같은 것에는 무관심하다.

나는 이 이야기를 동화 같은 방식으로 시작하고 싶었다. 나는 이렇게 말하고 싶었다.

"옛날에 자기의 몸보다 조금 큰 어느 별에 어린 왕자가 살고 있었는데, 그는 양 한 마리가 필요했다."

인생을 이해하는 사람들에게는 이게 훨씬 더 진실한 느낌을 주었을 것이다. 나는 사람들이 이 책을 그냥 건성으로 읽는 것을 원하지 않는다. 나는 당시의 기억을 떠올리면 너무나 슬프다. 내 친구가 그의 양과 함께 나를 떠난 지 벌써 6년이나 흘렀다. 내가 지금 그를 묘사하려고 애쓰는 건 그를 잊지 않기 위해서다. 친구 하나를 잊어버린다는 것은 슬픈 일이다. 누구나 친구를 가질 수 있는 것은 아니다. 그리고 내가 만일 그를 잊는다면 아마 나도 숫자밖에는 관심이 없는 어른들처럼 될 것이다.

나는 그의 모습을 그려보려고 그림물감 한 상자와 연필을 샀다. 여섯 살 때 보아뱀의 겉모습과 안쪽의 모습 말고는 그려본 적이 없는 내가 이 나이에 다시 그림을 그린다는 것은 정말 힘든 일이다. 나는 되도록 그의 실제 모습에 가까운 초상화를 그리려고 노력해 보겠지만 성공하리란 확신이 들지 않는다. 어떤 그림은 꽤 괜찮은데 또 어떤 그림은 그와 전혀 닮지를 않았다. 나는 그의 키도 조금씩 틀리게 그린다. 어떤 데서는 어린 왕자가 너무 크고 다른 그림에서는 너무 작다. 그의 옷 색깔에 대해서도 자신이 없다. 그래도 나는 어쨌든 더듬더듬 최선을 다해서 그려본다. 매우 중요한 어떤 부분을 잘못 그릴지도 모른다. 하지만 여러분은 나를 용서해 주어야만 한다. 내 친구 어린 왕자는 설명을 해준 적이 없었기 때문이다. 아마도 그는 내가 자기와 비슷하다고 생각했을지도 모른다. 그러나 불행하게도 나는 상자 속에 있는 양을 볼 줄 모르는 사람이다. 나도 조금은 어른들과 비슷할지도 모른다. 아마도 나이를 먹은 모양이다.

질문하는 어린 왕자

1. 소행성은 우주에 실제로 존재할까요?
2. 터키의 천문학자 이야기는 실제 있었던 이야기일까요?
3. 글쓴이는 터키의 천문학자 이야기를 통해서 독자들에게 어떤 말을 하고 싶어하는 것일까요?
4. 글쓴이가 말하는 '어른'은 어떤 사람을 가리키나요?

5. 바오밥 나무

    나는 하루하루 지나면서 어린 왕자와의 대화를 통해 그의 별에 관한 이야기와 어린 왕자가 그 별에서 떠나오게 된 이야기, 그리고 그가 여행 중에 겪었던 이야기를 조금씩 주워듣게 되었다. 어린 왕자가 무심히 하는 말들을 통해 정보들을 서서히 얻을 수 있었다.

    사흘째 되는 날, 바오밥나무에 대한 비극적인 이야기도 그렇게 듣게 되었다. 이번에도 그 양 덕분이었다. 어린 왕자가 아주 심각한 의문이 생긴 듯 느닷없이 내게 물었다.

    "양은 작은 나무를 먹는 거 맞죠. 그렇죠?"

    "응, 맞지."

    "아! 그럼 잘됐네!"

    양은 작은 나무를 먹는다는 것이 왜 그렇게 중요한 건지 나는 이해할 수 없었다. 어린 왕자는 말을 이어갔다.

    "그렇다면 양이 바오밥나무도 먹는다는 거지요?"

    나는 어린 왕자에게 바오밥나무는 작은 나무가 아니라 반대로 성처럼 커다란 나무이며, 코끼리 한 무리를 데려다 놓는다 해도 바오밥나무 한 그루를 다 먹지 못할 것이라고 말해 주었다.

    한 무리의 코끼리라는 말에 어린 왕자가 웃었다.

    "코끼리들을 위로 포개 놓아야겠네."

어린 왕자는 이렇게 말하고는 똑똑하게도 또 다음과 같이 말하는 것이었다.

"그렇게 큰 바오밥나무도 처음에는 작은 나무에서 자라기 시작한 거잖아요."

"그래, 맞아…그런데 왜 넌 양이 작은 바오밥나무를 먹기를 바라니?"

그는 내가 질문하자마자 그건 너무 당연한 것이 아니냐는 표정으로 "아이, 정말!" 이러고는 그만이었다. 그래서 나는 할 수 없이 혼자 그 수수께끼를 푸느라 엄청난 궁리를 해야만 했다. 내가 생각해 낸 바로는, 어린 왕자가 사는 별에는 세상의 다른 별들과 마찬가지로, 좋은 풀과 나쁜 풀이 있었다. 그러니까 좋은 풀의 씨앗과 나쁜 풀의 씨앗도 있었다.

하지만 씨앗들은 눈에 보이지 않는다. 그것들은 깜깜한 땅의 심장 속에서 깊은 잠을 자다가 그중 하나가 잠에서 깨어나고 싶은 욕망에 사로잡히면 살며시 기지개를 켜면서 여리고 매력적인 조그만 싹을 태양을 향해 '쏘옥' 내민다. 주변에 아무런 해를 끼치지 않으면서 말이다. 만약 그 싹이 그냥 무의 싹이나 장미의 싹이면 어디서건 맘대로 자라라고 내버려두어도 된다. 하지만 나쁜 식물일 때는 눈에 띄는 대로 재빨리 없애버려야 한다.

어린 왕자의 별에는 무서운 씨앗들이 있었다. 그것은 바오밥나무의 씨앗이었다. 그 별의 흙 속에는 바오밥나무 씨앗이 매우 많았다. 바오밥나무는 너무 늦어버리면 절대로 없앨 수가 없게 된다. 그들은 별 전체에 퍼지면서 뿌리로 별에 구멍을 뚫는다. 별은 아주 작은데 바오밥나무가 너무 많아져 버리면 별이 산산조각이 나버리고 마는 것이다.

"그게, 규칙이 중요해요."

어린 왕자가 말했다.

"아침에 일어나서 내가 먼저 깨끗이 씻고 나면, 그다음에 굉장히 주의 깊게 별을 가꾸어 주어야 해요. 장미의 싹과 바오밥나무의 싹을 구분할 수 있는 그 순간에 바로 바오밥나무를 뽑아버려야 해요. 바오밥나무가 아주 어릴 때는 장미하고 정말 닮았거든요. 그렇게 하는 게 당장은 귀찮아도 그게 오히려 쉬운 거예요."

그리고 또 어느 날 그가 말했다.

"아저씨는 아저씨네 별에 사는 어린이들이 명심할 수 있게 그림을 멋지게 하나 그리셔야 해요. 언젠가 어린이들이 먼 여행을 떠나게 되었을 때 그 그림이 쓸모가 있을 테니까요. 해야 할 일을 뒤로 미루는 건 어떤 때는 그냥 별 게 아닐 수 있지만 바오밥나무 같은 경우에는 큰 문제가 되거든요. 반드시 커다란 비극이 일어나게 돼요. 제가 어느 게으름뱅이가 살고 있는 별을 알고 있는데 그는 작은 나무 세 개를 그냥 내버려 두었어요."

그래서 나는 어린 왕자가 말해 주는 대로 그 별을 그리게 되었다. 나는 도덕군자같이 말하고 싶지 않은 사람이다. 하지만 바오밥나무의 위험을 이해하는 사람이 거의 없는 데다가 소행성에서 길을 잃은 사람이 겪을 수 있는 위험도 너무 커서 나는 처음으로 나의

신념을 깨고 이렇게 말하려고 한다.

"어린이들이여! 바오밥나무를 조심하라!"

내 친구들도 나처럼 아주 오랫동안 우리가 위험에 둘러싸여 있었다는 것을 알지 못했다. 그래서 나는 내 친구들을 위해 이 그림을 정말 공들여 그렸다. 이 그림을 통해 내가 전하는 교훈은 나의 엄청난 수고만큼 가치가 있다. 어쩌면 여러분은 이런 의문이 들지도 모르겠다.

"이 바오밥나무는 멋진데, 왜 이 책에 나오는 다른 그림들은 멋지지 않은 거야?"

그 대답은 간단하다. 다른 그림들도 그렇게 그려보려고 애써 보았지만 잘되지 않은 것이다. 바오밥나무를 그릴 때는 너무 절박해서 아주 열중해서 그렸기 때문이다.

질문하는 어린 왕자

1. 바오밥나무는 어느 별에서나 위험할까요?
2. 지구에서 바오밥나무는 어디에서 볼 수 있을까요?
3. 지구에 사는 사람들도 좋은 풀과 나쁜 풀을 구분하나요?
4. 바오밥나무가 의미하는 것은 무엇일까요?
5. 위험한 것들을 언제 없애는 것이 좋을까요?

💭 생각을 나누어 봅시다.

💡 **작가는 어른들과 어린이들이 좋아하는 표현은 다르다고 하였습니다. 어른들과 어린이들의 표현을 구분하여 알맞게 줄로 연결해 봅시다.**

"창가에 제라늄이 피어있고 지붕 위에 비둘기가 앉아 있는 빨간 벽돌집을 보았어요."
"십만 프랑짜리 집을 보았어요."
"그 친구 목소리는 어떠니? 그 친구는 무슨 게임을 좋아해? 나비를 수집하니?"
"몇 살이니? 형제는 몇 명이야? 몸무게는 얼마나 나가니? 아버지는 돈을 얼마나 버신대?"
"그가 떠나온 별은 소행성 B-612입니다."

• 어른

• 어린이

💡 **다음 물음에 답해 봅시다.**

1. 작가는 어린 왕자가 하는 말을 듣고 그에 대해서 조금씩 알아가게 됩니다. 어린 왕자가 한 말에서 짐작할 수 있는 것을 써봅시다.

어린 왕자가 한 말	짐작할 수 있는 것
"그럼, 아저씨도 하늘에서 왔군요. 어느 별에서 왔어요?"	
"앞으로 곧장 가도, 아무도 아주 멀리 갈 수가 없는걸요."	
"코끼리들을 위로 포개 놓아야겠네."	

2. 우리는 주변 사람들의 말에서 여러 가지를 짐작할 수 있기도 합니다.
친구가 한 말에서 짐작할 수 있는 것을 써봅시다.

친구가 한 말	짐작할 수 있는 것
"너 오늘 학교 끝나면 뭐 할 거니?"	

💡 어린 왕자의 별과 지구에서 일어나는 일을 비교하여 봅시다.

어린 왕자의 별	지구
어린 왕자는 날마다 주의 깊게 자신의 별을 살폈다. 바오밥나무가 장미의 싹과 구분되는 순간을 놓치지 않고 그 싹을 뽑아버렸다. 그렇게 하지 않으면 그 싹이 너무 크게 자라 별을 산산조각을 내기 때문이다.	해마다 선박 사고 인명 피해가 좀처럼 줄어들지 않고 있다. 선장이나 관리자가 평소에 구명조끼 관리에 소홀하기 때문이다. 그들은 사람들에게 구명조끼를 입으라고 권하지도 않아서 대부분 구명조끼를 입지 않고 배에 오른다.

1. 두 별에서 일어나는 일의 공통점과 차이점을 써봅시다.

	어린 왕자의 별	지구
차이점	-	-
공통점	- 늘 위험한 일들이 벌어질 가능성이 있다. -	

2. 우리가 생활 속에서 평소에 미리 대비해야 할 일에 대해 써봅시다.

> ☑ 쓰기 전에 잠깐! 이렇게 써야 합니다.
> ① 전체 글이 5문장 이상이 되게 쓰세요.
> ② 어떤 일을 해야 하는지 분명히 드러나야 해요.
> ③ 그 일을 해야 하는 이유를 제시하세요.
> ④ 그 일을 하지 않았을 때 벌어질 결과도 쓰세요.

제목 :

3장

6. 석양을 바라보는 마음

아, 어린 왕자야! 오랫동안 즐거움이란 그저 석양을 바라보는 기쁨밖에 없었던 너의 외로운 작은 삶을 나는 이렇게 조금씩 알게 되었지!

나흘째 되는 날 아침, 나는 새로운 사실을 알았어. 네가 나에게 이렇게 말했던 거야.

"나는 석양을 좋아해요. 우리 해지는 걸 보러 가요."

"그럼 기다려야 해."

"기다려요? 뭘 기다려요?"

"해지는 걸 기다려야지. 우리는 그 시간까지 기다려야만 해."

처음에 너는 몹시 놀라는 것 같았지만 이내 자신이 우습다는 듯 웃음을 터뜨리며 나에게 말했어.

"나는 언제나 내가 나의 별에 있는 걸로 생각한다니까요."

그건 누구나 그래. 모두 알다시피 미국에서 한 낮일 때 프랑스에서는 해가 진다. 프랑스로 순식간에 날아갈 수 있다면 여러분은 정오가 지나자마자 바로 석양을 볼 수 있을 것이다. 그러나 불행히도 프랑스는 미국에서 너무 멀리 떨어진 곳에 있다. 그러나 나의 어린 왕자여, 너의 작은 별에서는 의자를 몇 발짝 옮기기만 하면 되는 것이었다! 그래서 너는 언제라도 그러고 싶을 때 석양을 바라볼 수 있었지.

"어느 날에는 해가 지는 모습을 마흔세 번이나 보았어요!"

그리고 잠시 후 너는 다시 말했지.

"그거 알아요? 사람이 몹시 슬플 때 석양을 사랑하게 된다는 것을요."

"그럼 너는 그때 몹시 슬펐어? 마흔세 번 석양을 본 날 말이야."

그러나 어린 왕자는 대답이 없었지.

질문하는 어린 왕자

1. 글쓴이는 어린 왕자가 외롭게 살았다는 것을 어떻게 알게 되었나요?
2. 글쓴이가 어린 왕자의 삶을 '외로운 작은 삶'이라고 표현한 이유는 무엇일까요?
3. 사람은 몹시 슬플 때 석양을 사랑하게 될까요?

7. 장미꽃과 어린 왕자

　　닷새째 되는 날. 역시 양 덕분에 어린 왕자의 삶에 대한 비밀 하나가 드러났다. 그는 혼자 한참 동안 어떤 문제에 대해 생각하더니 불쑥 나에게 이렇게 물었다.

　　"양은 작은 나무를 먹잖아요? 그렇다면 꽃도 먹겠지요?"

　　"양은 닥치는 대로 먹지."

　　"가시가 있는 꽃도 먹나요?"

　　"그럼, 가시가 있는 꽃도 먹지."

　　"그럼 가시는 무엇에 쓰는 건가요?"

　　나는 그때 엔진의 빡빡한 볼트를 푸는 데에 온 정신을 집중하느라고 바빴다. 나는 내 비행기가 매우 심각하게 고장 난 것 같아서 너무나 걱정이 되었고, 마실 물도 조금밖에 남지 않아서 최악의 사태를 맞을까 봐 두려웠다.

　　"가시는 무엇에 쓰는 거냐고요?"

　　어린 왕자는 한 번 질문하면 포기를 몰랐다. 나는 볼트 때문에 짜증이 나 있었기 때문에 아무렇게나 대답해 버렸다.

　　"가시는 아무짝에도 소용없는 거야. 꽃들이 괜히 심술을 부리는 거야."

　　"아!"

　　잠시 침묵이 흘렀다. 그리고 어린 왕자는 화가 난 듯이 나에게 쏘아붙였다.

　　"나는 아저씨 말을 못 믿겠어요. 꽃들은 연약한 존재예요. 걔네는 순진하다고요. 꽃들은 자기네들이 할 수 있는 최선을 다해 자신을 지키는 거라고요. 꽃들은 자기 가시가 아주 무서운 무기라고 믿는 거예요….."

나는 아무런 대답도 하지 않았다. 그때 나는 나 혼자 이렇게 중얼거리고 있었다.

"이 볼트가 계속 안 풀리면 망치로 두들겨서 빼야겠다."

그런데 어린 왕자는 또다시 내 생각을 방해하는 것이었다.

"그럼, 아저씨는 그렇게 믿는 거잖아요, 꽃들이…."

"아, 아냐!"

나는 소리쳤다.

"아냐, 아냐! 아니라고! 나는 아무것도 안 믿어! 나는 그냥 생각나는 대로 대답한 거야! 너는 내가 지금 엄청 중요한 일 때문에 바쁜 게 안 보이니?"

그는 충격을 받은 듯이 나를 쳐다보았다.

"중요한 일이라고요?"

그는 망치를 손에 들고 손가락은 시커멓게 기름투성이가 되어 매우 흉측스럽게 보이는 물체 위로 몸을 기울이고 있는 나의 모습을 바라보고 있었다.

"아저씨도 어른들처럼 말하네요!"

그 말을 듣는 순간 나는 조금 부끄러워졌다. 그런데 그는 사정없이 말을 이어갔다.

"아저씨는 모든 걸 혼동하고 있어요, 모든 걸 혼동하고 있다고요!"

그는 정말 화가 나 있었다. 그의 황금빛 머리카락이 바람에 흩날리고 있었다.

"나는 얼굴이 빨간 어느 신사가 살고 있는 별을 알고 있어요. 그 신사는 꽃향기를 한 번도 맡아본 적이 없어요. 별을 한 번도 바라본 적도 없고, 아무도 사랑해 본 적이 없어요. 오직 계산하는 것 말고는 해본 게 없어요. 그래서 온종일 아저씨처럼 '나는 중요한 일을 하느라 바빠.' 라고 계속 말하면서 잘난 척을 해요. 하지만 그는 사람이 아니야. 버섯이지"

"뭐, 뭐라고?"

"버섯이라고요."

어린 왕자는 이제 화가 나서 얼굴이 하얗게 변해 있었다.

"수백만 년 전부터 꽃들은 가시를 가지고 있었어요. 마찬가지로 양도 수백만 년 전부터 꽃을 먹어 왔고요. 그런데도 왜 꽃들이 별 필요도 없는 가시를 만들려고 고통을 겪는지 이해하는 게 중요하지 않다는 거예요? 양과 꽃들의 전쟁이 중요한 게 아니라는 거예요? 그게 얼굴이 빨간 신사가 하는 계산보다 중요하지 않다는 거예요? 이 세상에 오직 나의 별에만 있는 단 하나뿐인 꽃을 내가 알고 있는데 어느 날 아침 작은 양이 무심코 그 꽃을 먹어버릴 수도 있다는 게 중요한 일이 아니라는 거예요?"

어린 왕자는 얼굴이 빨개져서 말을 이었다.

"수백만 개가 넘는 별 중에 단 하나밖에 없는 꽃을 사랑하고 있는 사람은 그 별들을 바라보고 있기만 해도 행복해질 수 있어요. 그 사람은 속으로 '내 꽃이 저 하늘 어딘가에 있겠지.' 하고 생각할 수 있잖아요. 그런데 양이 그 꽃을 먹어버리면 그에게는 모든 별이 한순간에 사라져 버리는 거라고요. 그런데도 아저씨는 그게 중요한 일이 아니라는 거예요?"

그는 더 말을 잇지 못하고 갑자기 흐느껴 울기 시작했다. 밤이 찾아왔다. 나는 손에서 연장을 내려놓았다. 그 순간, 망치도 볼트도 목마름도 죽음도 아무것도 아니게 느껴졌다. 수많은 별 중에, 수많은 행성, 그중에 내가 사는 행성인 이 지구에 위로받아야 할 어린 왕자가 있었기 때문이다. 나는 두 팔로 그를 감싸안고 그를 달래주면서 말했다.

"네가 사랑하는 꽃은 위험하지 않아. 내가 너의 양에게 입마개를 그려 줄게. 너의 꽃을 위해 갑옷도 하나 그려 줄게. 내가…."

나는 무슨 말을 해야 할지 몰랐다. 나 자신이 무척 어설프게 느껴졌다.

그를 어떻게 달래줄 수 있을지, 그의 마음을 어떻게 다시 붙잡을 수 있을지 알 수 없었다. 눈물의 나라는 그처럼 신비로운 것이었다.

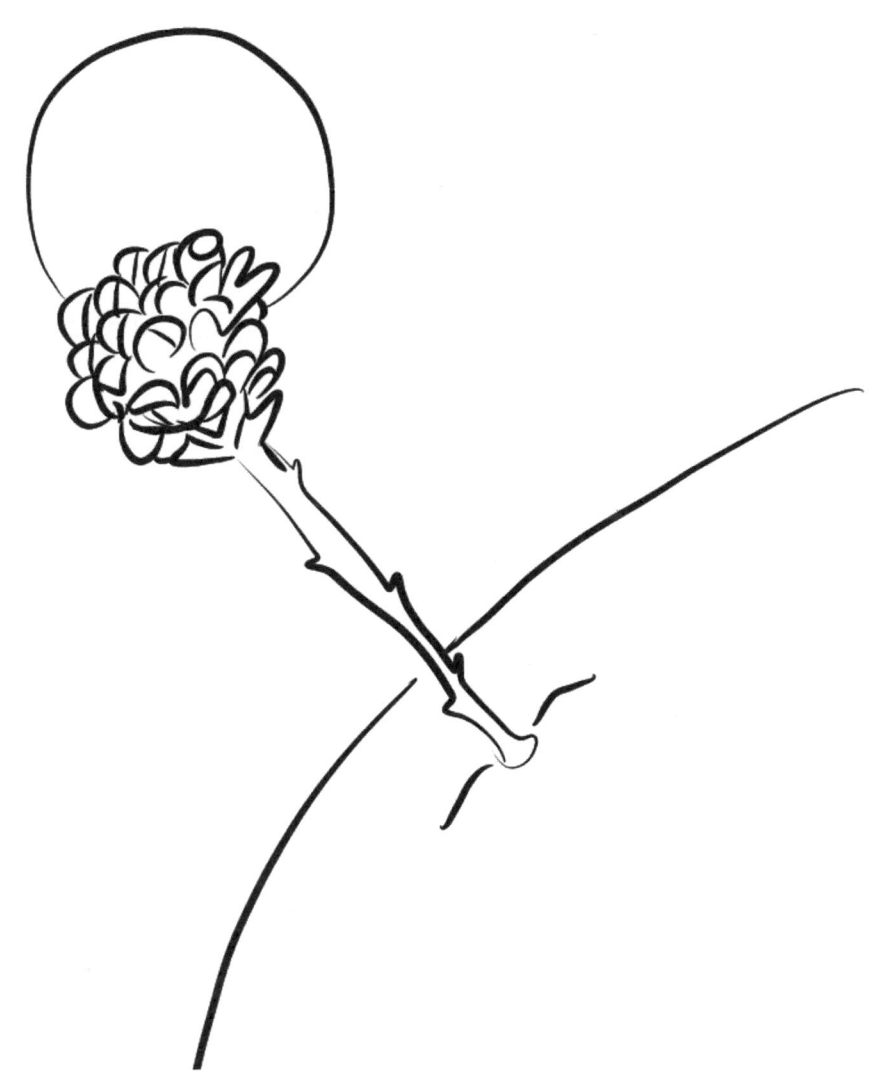

질문하는 어린 왕자

1. 어린 왕자는 왜 양이 꽃을 먹는지, 가시까지 먹는지가 글쓴이가 비행기를 고치는 것보다 중요하다고 생각할까요?
2. 어린 왕자는 왜 하루 종일 계산만 하는 신사를 사람이 아니라 버섯이라고 할까요?
3. 사람들에게는 중요하지 않은데 자신에게만 중요한 것이 있나요?

8. 가시를 품은 꽃

나는 곧 그 꽃에 대해 더 많은 것을 알게 되었다. 어린 왕자의 별에는 꽃잎이 하나뿐인, 아주 소박한 꽃들이 있었다. 그들은 자리를 크게 차지하지도 않았고 그 누구도 곤란하게 하지 않았다. 그들은 어느 날 아침 풀밭에 나타났다가 저녁이면 조용히 사라져 버리곤 했다. 그런데 어느 날 어디에서 날아왔는지 알 수 없는 꽃의 씨앗이 싹을 틔웠다. 그래서 어린 왕자는 다른 싹들과는 다른 그 싹을 매우 조심스럽게 지켜보았다. 그 싹이 새로운 종류의 바오밥나무일지도 모를 노릇이었다. 그러나 그 작은 나무는 곧 성장을 멈추고 꽃을 피울 준비를 하기 시작했다. 어린 왕자는 꽃봉오리가 커다랗게 맺히는 것을 지켜보았다. 그리고 곧 어떤 기적이 일어날 것만 같은 느낌을 받았다. 그러나 꽃은 초록색 방에 숨어 아름다움을 가꾸기만 하고 있었다. 세심하게 자신의 빛깔을 고르고, 천천히 옷을 입고, 꽃잎을 한 장 한 장 다듬고 있었다. 그 꽃은 개양귀비꽃처럼 구겨진 모습으로 밖으로 나오고 싶어 하지 않았다. 자신의 아름다움이 최고로 빛을 발할 때 모습을 드러내고 싶어 했기 때문이었다.

아! 정말, 아주 애교가 넘치는 꽃이었다. 그 꽃의 신비로운 단장은 며칠이나 걸렸다. 그리하여 그 꽃은 어느 날 아침, 정확히 해가 떠오르는 그 순간에 자기의 모습을 드러냈다. 그리고 그렇게도 정성을 들여 단장했으면서도 하품하며 이렇게 말했다.

"아! 나는 이제 간신히 잠에서 깼답니다. 용서하세요. 제 꽃잎들이 헝클어져 있네요."

어린 왕자는 감탄을 금할 길이 없었다.

"당신은 정말 아름답군요!"

"그렇죠?"

꽃이 달콤하게 대답했다.

"나는 해님과 똑같은 시간에 태어났답니다."

어린 왕자는 그 꽃이 그다지 겸손하지는 않다는 것을 쉽게 알아차릴 수 있었다. 하지만 그 꽃은 너무나 마음을 설레게 하였다.

"아침 식사를 할 시간 같아요."

그 꽃이 말을 이었다.

"제가 필요한 게 무엇일지 한 번 생각해 보시겠어요?"

그러자 몹시 당황한 어린 왕자는 신선한 물이 담긴 물뿌리개를 찾아다가 그 꽃의 시중을 들어 주었다.

이렇게 그 꽃은 태어나자마자 까다로운 허영심으로 어린 왕자를 괴롭혔다.

어느 날은 자신이 가지고 있는 네 개의 가시에 대해 이런 말을 하기도 했다.

"호랑이들보고 발톱을 세우고 와볼 테면 와보라고 하세요!"

"내 별에 호랑이들은 없어요."

어린 왕자가 반박했다.

"그리고 호랑이는 풀 같은 건 먹지도 않아요."

"저는 풀이 아니에요."

그 꽃이 부드럽게 대답했다.

"미안해요."

"나는 호랑이는 하나도 무섭지 않지만, 바람은 원래 무서워한답니다. 혹시 바람막이 있나요?"

"원래 바람을 무서워한다니 식물로서는 안 된 일이군."

어린 왕자는 이 꽃을 알만했다.

"이 꽃은 매우 예민하군."

"저녁에는 유리 덮개를 씌워 주세요. 당신이 사는 이곳은 너무 춥네요. 내가 살던 곳은….."

그러나 꽃은 그 순간 말을 멈췄다. 그 꽃은 씨앗의 형태로 온 것이었다. 다른 세상에 대해서 아무것도 아는 것이 없었다. 그렇게 순진한 거짓말을 하려다 들킨 게 부끄러워진 그 꽃은 어린 왕자에게 잘못을 뒤집어씌우기 위해 두세 번 기침했다.

"바람막이는요?"

"내가 찾아보려고 했는데 당신이 나에게 계속 말했잖아요."

그러자 그 꽃은 좀 전처럼 어린 왕자가 죄책감으로 괴로워하게끔 더 심하게 기침했다. 그래서 어린 왕자는 사랑하는 마음에서 우러나온 선의를 가지면서도 꽃에 대해 의문을 품게 되었다. 그는 대수롭지도 않은 말을 심각하게 받아들였고, 그래서 매우 불행해졌다.

"꽃이 하는 말을 듣지 말았어야 했어요."

어느 날 그는 나에게 털어놓았다.

"꽃들의 말은 절대로 들으면 안 돼요. 그냥 바라보고 향기를 맡기만 해야 해요. 내 꽃은 내 별을 향기로 가득 채웠어요. 하지만 나는 그걸 즐길 줄 몰랐어요. 그 발톱 이야기에도 내가 그렇게 화를 내지 말고 측은하게 여겼어야 했던 거예요."

그는 계속 자기 이야기를 털어놓았다.

"사실 나는 그 당시 아무것도 이해할 줄 몰랐어요. 그 꽃의 말이 아니라 행동을 보고 판단했어야만 했어요. 그 꽃은 나에게 향기와 밝은 기운을 주었어요. 나는 절대로 그 꽃으로부터 도망치지 말았어야 했어요. 그 가련한 계략 뒤에는 사랑이 있었다는 걸 눈치챘어야 했는데. 꽃들은 정말 모순덩어리들이거든요! 하지만 나는 너무 어려서 그 꽃을 어떻게 사랑해야 하는지 몰랐던 거예요."

질문하는 어린 왕자

1. 장미꽃의 성격은 어떠한가요? 왜 그렇게 생각하나요?
2. 사람들에게도 장미꽃과 같은 면이 있을까요?
3. 어린 왕자가 불행해진 이유는 무엇인가요?
4. 어린 왕자는 나중에 장미꽃에 대해 어떤 점을 후회했나요?
5. 어린 왕자와 꽃의 관계가 인간들과 비슷한 면이 있나요?

9. 여행 준비

나는 어린 왕자가 철새들의 이동을 이용해서 자신의 별을 떠나왔을 것으로 생각한다.

떠나는 날 아침 그는 자기의 별을 잘 정돈했다. 그는 활화산들을 정성스럽게 청소했다. 그에게는 활화산이 두 개 있었는데 활화산은 아침밥을 데울 때 아주 편리했다. 그에게는 불이 꺼진 사화산도 하나 있었다. 하지만 그의 말처럼 '아무도 모를 일'이었다. 그래서 그는 사화산도 잘 청소해 놓았다. 청소를 잘해 놓으면 화산들은 폭발하지 않고 규칙적으로 천천히 타오른다. 화산의 폭발은 굴뚝의 불길과 마찬가지이다. 물론 지구 위에 있는 화산을 청소하기에는 우리가 너무 작다. 그래서 화산이 우리에게 끝없는 곤란을 가져다주는 것이다.

어린 왕자는 왠지 모를 서글픈 심정으로 바오밥나무의 마지막 싹들을 뽑아냈다. 그는 다시 돌아올 수 없으리라는 생각이 들었다.

그래서 그런지 그날 아침에는 익숙했던 그 모든 일들이 유난히 정겹게 느껴졌다. 그는 그 꽃에 마지막으로 물을 주고 유리 덮개를 씌워 주려는 순간 눈물이 날 것만 같았다.

"잘 있어요…."

그의 말에 꽃은 대답하지 않았다.

"잘 있어요…."

그가 다시 말했다.

꽃은 기침 소리를 냈다. 하지만 그것은 감기 때문이 아니었다.

"내가 어리석었어요…."

이윽고 꽃이 말했다.

"나를 용서해 줘요. 그리고 부디 행복해지세요."

어린 왕자는 꽃이 자신을 비난하지 않는 것이 놀라웠다.

그는 유리 덮개를 손에 들고 어쩔 줄 모르고 서 있었다.

그는 꽃이 말없이 다정하게 구는 것을 이해할 수 없었다.

"물론 나는 당신을 사랑해요."

꽃이 말했다.

"그동안 당신이 내 마음을 몰랐던 건 내 잘못이었어요. 그건 아무래도 좋아요. 하지만 당신도 나와 마찬가지로 바보예요. 부디 행복하세요. 유리 덮개는 그냥 내버려두세요. 그런 건 이제 필요 없어요."

"하지만 바람이 불면…."

"내 감기가 그렇게 심한 건 아니에요, 밤의 시원한 공기가 내게 좋을 거예요. 나는 꽃이니까요."

"하지만 짐승들이 오면…."

"나비와 친해지려면 벌레 두세 마리 정도는 참아야죠. 나비는 무척 아름다운 것 같아요. 나비가 아니면, 그리고 벌레들 아니면 누가 나를 찾아주겠어요? 당신은 먼 곳에 있을 거고, 커다란 짐승들은 두렵지 않아요. 나에겐 손톱이 있으니까."

그러면서 꽃은 천진난만하게 자기의 가시 네 개를 보여주었다. 그러고는 다시 말을 이었다.

"그렇게 우물쭈물하지 말아요. 떠나기로 결심했으니 이제 가세요."

꽃은 자신이 우는 것을 어린 왕자에게 보이고 싶지 않았다. 그렇게 자존심이 강한 꽃이었다.

질문하는 어린 왕자

1. 어린 왕자는 왜 자신의 별을 떠나려고 하였을까요?
2. 장미의 말과 행동은 진심일까요? 어느 부분에서 그것을 알 수 있나요?
3. 장미의 진심은 어땠을까요? 그렇게 생각하는 이유는 무엇인가요?
4. 어린 왕자는 왜 떠나는 날까지 자신의 별을 관리했을까요?
5. 자신의 세계를 놓아두고 떠난 경험이 있나요?

💭 생각을 나누어 봅시다.

💡 **이야기를 읽고, 다음 물음에 답해 봅시다.**

1. '가시'의 낱말 뜻을 사전에서 찾아보고, 간단한 문장을 만들어 봅시다.

그림	낱말의 뜻	낱말이 담긴 문장
(선인장)		
(생선가시)		
(손의 가시)		
(마음의 가시)		

2. 글쓴이와 어린 왕자는 꽃들이 가지고 있는 가시의 의미를 각각 다르게 생각하고 있습니다. 두 사람의 생각이 드러나는 문장을 찾아 써봅시다.

(장미)	작가	
	어린 왕자	

💡 **어린 왕자와 꽃의 대화를 읽고 다음 물음에 답해 봅시다.**

꽃은 자기가 하고 싶은 말을 다르게 표현합니다. 다음 꽃이 한 말에 대하여 꽃이 실제로 하고 싶었던 말은 무엇이었을지 자기의 생각을 써봅시다.

꽃이 한 말	꽃이 하고 싶은 말
"아침 식사를 할 시간이군요."	
"저는 풀이 아니에요."	"저는 남과 다른 특별한 존재예요."
"바람막이는요?"	

💡 **어린 왕자가 자신의 별을 떠나는 날의 풍경을 읽고, 다음 물음에 답해 봅시다.**

1. 어린 왕자가 아침에 한 일을 찾아 써봅시다.

   ① _____

   ② _____

   ③ _____

2. 여러분이 만일 먼 여행을 떠난다면 떠나기 전에 어떤 일을 하겠습니까?

   ① _____

   ② _____

   ③ _____

3. 다음은 꽃이 어린 왕자를 떠나보내며 한 말입니다. 물음에 답해 봅시다.

   "떠나기로 결심했으니 이제 가세요."

   1. 꽃이 위에서 한 말은 진심이었을까요? _____

   2. 꽃은 어떤 감정이었을까요? _____

   3. 꽃은 왜 위와 같이 말했을까요? _____

   4. 내가 꽃이라면 어떻게 말했을 것 같나요? _____

   5. 지금까지 쓴 답을 참고하여 꽃에게 해주고 싶은 말을 써봅시다.

   _____

   _____

   _____

   _____

ABOU Awesome Book of yoUrs

4장

10. 왕

그는 소행성 325호, 326호, 327호, 328호, 329호, 그리고 330호가 이웃해 있다는 사실을 발견했다. 그래서 그는 자신의 지식을 넓히기 위해 그 별들부터 방문하기로 했다.

첫 번째 별에는 왕이 살고 있었다.

그 왕은 자줏빛 천과 흰담비 모피 망토로 자신을 감싸고 소박하면서도 위엄 있는 왕좌에 앉아 있었다.

"아! 신하가 한 명 오는구나!"

왕은 어린 왕자가 오는 것을 보고 큰 소리로 외쳤다.

어린 왕자는 이상한 생각이 들었다.

'한 번도 나를 본 적이 없는데 어떻게 나를 알아볼까?'

어린 왕자는 왕들이 세상을 매우 간단하게 생각한다는 것을 몰랐다. 왕에게는 모든 사람이 다 신하였기 때문이다.

"가까이 오너라. 너를 좀 더 잘 볼 수 있도록."

누군가의 왕 노릇을 하게 된 것이 엄청나게 자랑스러워진 왕이 말했다.

어린 왕자는 앉을 자리를 찾아보았으나 그 별은 왕의 흰담비 모피로 된 호화스러운 망토로 온통 다 뒤덮여 있었다. 그래서 그는 그냥 선 채로 있었고, 피곤해서 하품을 크게 했다.

"왕 앞에서 하품하는 것은 예의에 어긋나는 일이니라."

왕이 말했다,

"짐은 하품을 금지하겠노라."

"어쩔 수 없었어요. 참을 수가 없었거든요."

어린 왕자가 당황해서 대답했다.

"오랫동안 여행을 해서 오느라고 잠을 못 잤어요."

"오, 그렇다면 짐은 너에게 하품할 것을 명하겠노라. 짐은 하품하는 걸 본지도 여러 해가 되었도다. 짐에게는 하품하는 것은 신기한 일이로다. 자, 어서 다시 하품해 보아라. 명령이니라."

"그렇게 말씀하시니 겁이 나서 이제 더 이상 하지 못하겠어요."

어린 왕자가 쑥스러워서 중얼거렸다.

"어험, 험!"

왕이 대답했다.

"그렇다면 짐이, 짐이 명하노니 어떤 때는 하품을 하고 어떤 때는….”

그는 말을 중얼중얼 얼버무렸다. 화가 난 것 같았다. 왜냐하면 왕은 기본적으로 자신의 권위가 존중되는 것을 바라기 때문이다. 그에게 불복종은 용서할 수 없는 것이었다. 그는 절대 군주였기 때문이다. 하지만 그는 매우 선량했기 때문에 합리적인 명령을 내렸다.

"만약 짐이 어떤 장군에게 물새로 변하라고 명령했는데 그 장군이 나의 명령에 복종하지 않았다면 그것은 장군의 잘못이 아니니라. 그건 짐의 잘못이니라.”

"좀 앉아도 될까요?"

어린 왕자가 조심스럽게 물었다.

"짐은 그대에게 앉기를 명하노라.”

왕은 대답하면서 흰담비 모피로 된 망토 자락을 위엄있게 걷어 올렸다.

그런데 어린 왕자는 의아했다. 그 별은 아주 작았다. 이 왕은 실제로 무엇을 다스리는 것일까?

"폐하, 제가 한 가지 여쭈어보는 것을 허락해 주십시오.”

"그대에게 명하노니 질문을 하도록 하라.”

"폐하, 폐하는 무엇을 다스리십니까?"

"세상 전부를 다스리고 있노라.”

왕은 참으로 간단하게 대답했다.

"전부를요?"

왕은 그의 별과 다른 행성들, 그리고 모든 별을 가리키는 몸짓을 하였다.

"저 모든 별을요?"

"모든 별을.”

그는 온 우주의 절대 군주였다.

"그럼, 저 모든 별이 폐하에게 복종하나요?"

"물론이로다. 별들은 즉각 나에게 복종하노라. 짐은 규율을 어기는 것을 용서치 않느니라.”

어린 왕자는 그런 굉장한 권력에 감탄했다. 만약 그도 그런 권능이 있다면 의자를 움직이지 않고도 하루에 마흔네 번 아니라, 일흔두 번, 아니 백 번, 이백 번도 해지는 것을 볼 수 있을 텐데. 그는 자신이 두고 온 그의 작은 별이 기억나서 약간 슬퍼졌다. 어린 왕자는 용기를 내어 왕에게 부탁했다.

"저는 해가 지는 것을 보고 싶습니다. 저에게 친절을 베푸시어 해에게 지라고 명령을…."

"짐이 만일 어떤 장군에게 나비처럼 이 꽃에서 저 꽃으로 날아다니라거나, 비극적인 이야기를 한 편 쓰라거나, 혹은 물새로 변하도록 명령했는데 그 장군이 그 명령을 수행하지 않는다면 둘 중 누구의 잘못이겠느냐?"

"폐하의 잘못입니다."

어린 왕자가 단호하게 말했다.

"그렇도다. 누구에게나 그가 할 수 있는 것을 요구해야 하는 법이니라."

왕이 말을 이었다.

"권위란 무엇보다도 이치에 근거해야 하느니라. 만일 그대가 그대의 백성들에게 바다로 가서 모두 몸을 던지라고 명령한다면 그들은 혁명을 일으킬 것이니라. 짐은 이치에 맞는 명령을 내리기 때문에 복종을 요구할 권한을 갖는 것이니라."

"그러면 제가 부탁한 석양은요?"

한 번 질문하면 절대로 잊어버리지 않는 어린 왕자가 다시 물었다.

"그대는 석양을 보게 될 것이로다. 짐이 요구하겠노라. 하지만 나의 통치술에 따라 그 조건이 갖추어지기를 기다리겠노라."

"언제 그렇게 되나요?"

어린 왕자가 물었다.

"에헴, 에헴."

왕은 엄청나게 큰 달력을 보고 나서 대답했다.

"에헴, 에헴. 그건 한, 한, 여덟 시 이십 분 전쯤이 될 것이로다. 그때쯤이면 그대는 짐의 명령이 얼마나 잘 이행되는지 보게 될 것이다."

어린 왕자는 크게 하품했다. 석양을 못 보게 되어 섭섭한 데다가 벌써 좀 지루해졌기 때문이다.

"저는 여기서 할 일이 없네요."

어린 왕자가 왕에게 말했다.

"저는 이만 제가 가던 길을 가보겠습니다."

"가지 말지어다."

신하가 한 사람 있게 된 것이 몹시 뿌듯한 왕이 말했다.

"가지 말지어다. 짐은 그대를 장관으로 삼겠노라."

"무슨 장관이요?"

"장관…, 법무부 장관!"

"그런데 재판할 사람이 아무도 없는데요!"

"그건 모르는 일이로다. 짐은 아직 왕국을 돌아다녀 본 적이 없도다. 짐은 매우 나이가 많은데 여기 어디 수레를 놓아둘 자리도 없고, 걷는 것도 너무 지치는 도다."

어린 왕자는 몸을 돌려서 별의 다른 쪽을 한번 슬쩍 보았다. 저쪽에도 이쪽과 마찬가지로 아무도 없었다. 그는 왕에게 말했다.

"아! 하지만 제가 벌써 다 보았어요."

"그러면 그대 자신을 심판하도록 하라. 그것이 가장 어려운 일이니라. 다른 사람을 심판하는 것보다 자기 자신을 심판하는 게 훨씬 더 어려운 일이니라. 그대가 정말 자신을 잘 심판할 수 있다면 그대는 참으로 지혜로운 사람이로다."

"저는 어디에서든 저를 심판할 수 있어요. 반드시 이곳에서 살 필요는 없습니다."

"에헴! 에헴! 짐의 별 어딘가에 늙은 쥐 한 마리가 있도다. 밤이면 쥐 소리가 들리느니라. 그대는 그 늙은 쥐를 심판하거라. 어떤 때는 그를 사형에 처하거라. 그러면 그의 목숨이 너의 심판에 달려있게 될 것이다. 그러면 또 매번 그에게 특사를 내려 그를 아끼도록 하라. 그 쥐가 단 한 마리밖에 없기 때문이니라."

"저는 사형선고를 내리는 건 싫습니다. 저는 가야겠습니다."

"안 되느니라."

어린 왕자는 떠나려고 준비했다. 그러나 이 늙은 왕을 슬프게 하고 싶지는 않았다.

"폐하의 명령이 지켜지기를 원하신다면 제게 이치에 맞는 명령을 내리셔야 하옵니다. 예를 들면 저에게 일 분 안에 떠나도록 명령을 내려주시면 지금 딱 조건이 좋은 것 같습니다."

왕이 아무 대답도 하지 않았기 때문에 어린 왕자는 잠시 머뭇거리다가 곧 한숨을 쉬고는 길을 떠났다.

"짐은 그대를 나의 대사로 임명하겠노라."

왕이 황급히 외쳤다.

그는 매우 위엄 있는 모습을 하고 있었다.

"어른들은 정말 이상하군."

어린 왕자는 여행을 떠나며 중얼거렸다.

질문하는 어린 왕자

1. 자신의 권위를 지킬 수 있는 명령은 어떤 것이 있을까요?
2. 자신의 권위는 무엇으로 지킬 수 있을까요?
3. 자신을 심판하는 것이 남을 심판하는 것보다 더 어려운 이유는 무엇인가요?
4. 신하가 없는 별에 왕이 있을 수 있을까요? 왕은 무엇을 갖추어야 할까요?
5. 어린 왕자가 만난 왕은 훌륭한 왕이라고 할 수 있나요?

11. 허영쟁이

두 번째 별에는 허영쟁이가 살고 있었다.

"아아! 저기 나를 찬양하는 사람이 내게 오는군!"

그는 어린 왕자가 오는 것을 처음 본 순간 멀리서부터 소리쳤다. 허영쟁이에게 다른 사람들은 모두 자기를 찬양하는 사람들이었다.

"안녕하세요?"

어린 왕자가 말했다.

"아저씨가 쓰고 있는 모자는 좀 이상하네요."

"이건 답례 인사를 하기 위한 모자란다. 사람들이 나에게 환호를 보낼 때 인사하기 위해서지. 그런데 불행히도 여기를 지나가는 사람이 아무도 없어."

"그래요?"

허영쟁이가 한 말을 이해하지 못한 어린 왕자가 말했다.

"한쪽 손과 다른 손을 마주 쳐봐."

어린 왕자가 손뼉을 치자 허영쟁이가 모자를 벗어 높게 들어 올리며 공손히 인사했다.

"왕을 방문했을 때보다 더 재미있네."

어린 왕자는 속으로 중얼거렸다. 그래서 그는 다시 손뼉을 쳤다. 허영쟁이가 다시 모자를 높게 들어 올리며 인사를 했다. 이렇게 오 분이 지나자 어린 왕자는 이 단순한 놀이에 싫증이 났다.

"그런데 아저씨 모자가 가만히 있게 하려면 어떻게 해야 하나요?"

어린 왕자가 물었지만, 허영쟁이는 그의 말을 듣지 못했다. 허영쟁이에게는 오로지 찬양의 말만 들렸다.

"너는 정말로 나를 무지 찬양하지?"

"찬양한다는 게 무슨 뜻이지요?"

"찬양한다는 건 내가 이 별에서 가장 잘 생겼고, 가장 옷을 잘 입고, 가장 부자고, 가장 아는 것이 많다고 생각해 주는 거지."

"하지만 이 별엔 아저씨 혼자밖에 없잖아요."

"나를 잘 대해 주렴… 그러니까… 그래도 나를 찬양해 주렴."

"저는 아저씨를 찬양해요."

어린 왕자가 어깨를 으쓱하며 말했다.

"그런데 그게 아저씨에게 무슨 소용이 있는데요?"

그리고 그는 그 별을 떠났다.

'어른들은 정말 이상하군'

어린 왕자는 여행을 떠나면서 속으로 중얼거렸다.

질문하는 어린 왕자

1. 허영쟁이는 왜 찬양을 받고 싶어 할까요? 여러분은 찬양받고 싶나요?

2. 다른 사람이 여러분을 찬양한다면 어떤 감정이나 생각이 들 것 같나요?

3. 모든 사람이 누군가를 찬양한다는 것이 가능할까요?

4. 오로지 찬양하는 말만 듣는다면 그에게 어떤 문제가 생길까요?

12. 주정뱅이

다음 별에는 주정뱅이가 살고 있었다. 그 별에는 아주 잠시 머물렀지만 어린 왕자는 기분이 많이 우울해졌다.

"무엇을 하고 계세요?"

그는 빈 병 한 무더기와 술이 가득 담긴 병 한 무더기를 앞에 놓고 말없이 앉아 있는 주정뱅이를 보고 말했다.

"술을 마시고 있단다."

주정뱅이가 우울한 표정으로 대꾸했다.

"왜 술을 마시는 건데요?"

어린 왕자가 그에게 물었다.

"잊기 위해서지."

주정뱅이가 대답했다.

"무엇을 잊기 위해서예요?"

안쓰러운 생각이 든 어린 왕자가 캐물었다.

"부끄러움을 잊기 위해서지."

주정뱅이가 고개를 숙이며 고백했다.

"뭐가 부끄러우신 건데요?"

그를 돕고 싶은 마음에 어린 왕자가 또 물었다.

"술을 마신다는 사실이 부끄러워!"

주정뱅이는 이렇게 말하더니 입을 다문 채 침묵했다.

어린 왕자는 의아해서 그곳을 떠났다.

"어른들은 진짜, 정말 정말 이상하군"

어린 왕자는 여행을 떠나면서 속으로 중얼거렸다.

질문하는 어린 왕자

1. 부끄러움이란 어떤 감정일까요? 부끄러움과 비슷한 감정은 무엇인가요?
2. 부끄러움을 느껴본 경험이 있나요? 부끄러움은 필요한 감정일까요?
3. 부끄러움을 이겨내기 위해서 노력해 본 적이 있나요?
4. 다른 사람이 부끄러워하는 것을 본 적이 있나요? 그 사람은 부끄러움을 이겨내기 위해서 어떤 행동을 했나요? 그 행동에 대해 어떻게 생각하나요?

> 생각을 나누어 봅시다.

💡 **어린 왕자가 자신의 별을 떠나 만난 인물들의 정보를 정리해 봅시다.**

인물	사는 곳	주로 하는 행동	인상 깊은 말
	- 소행성 325호	- 명령하기	-자신을 잘 심판할 수 있다면 참으로 지혜로운 사람이로다.
	-	-	
	-	-	

💡 **어린 왕자가 만난 인물에 대하여 생각해 보고, 물음에 답해 봅시다.**

1. 인물들이 가장 소중하게 여기는 것은 무엇일까요?

   빈칸에 알맞은 말을 써봅시다.

인물	소중히 여기는 것	그렇게 생각한 까닭
왕	권위	- 모두 자신의 명령에 복종하기를 원하므로
허영쟁이		
주정뱅이		

2. 내가 소중하게 여기는 가치는 무엇인지 생각하고, 이를 표현해 봅시다.

① 내가 가장 중요하게 생각하는 가치를 선정합니다.
② 그 가치가 느껴졌던 경험을 네 컷 만화로 그려보세요.
③ 말 주머니 안에 대화를 넣고, 상황이 드러나도록 바탕글도 써보세요.

💡 **어린 왕자가 만난 인물들에 대해서 좀 더 자세히 생각해 봅시다.**

1. 어린 왕자가 만난 인물과 관련하여 다른 작품에 등장하는 인물을 떠올려 보고, 두 인물의 공통점을 써봅시다.

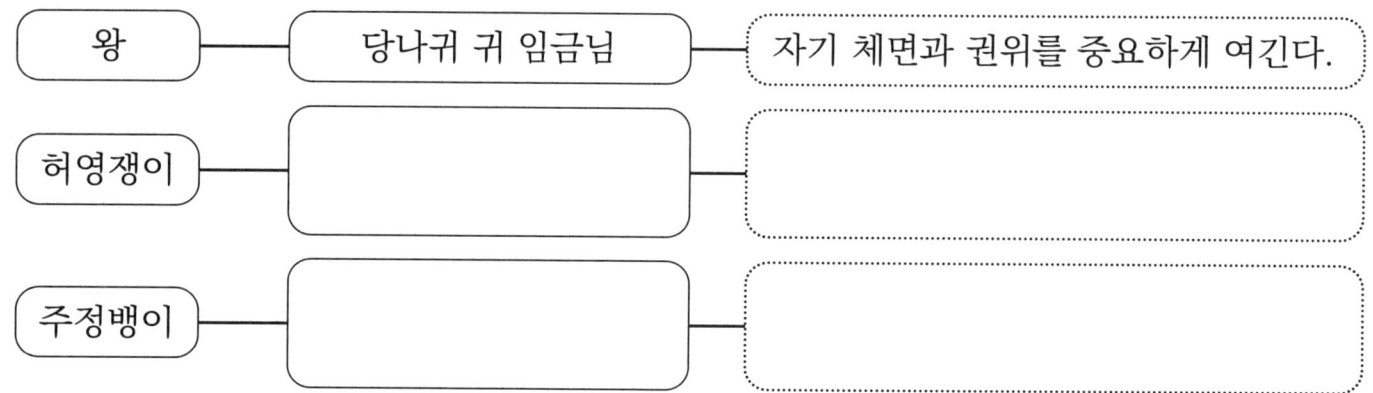

2. 위의 인물 중에 가장 문제가 많다고 생각하는 인물의 순위를 매기고, 그렇게 생각한 이유를 써봅시다.

인물 순위	그렇게 생각한 이유
①	
②	
③	

💡 **다음은 어린 왕자와 왕이 주고받은 대화의 일부분입니다.**

> 어린 왕자 : 저는 해가 지는 것을 보고 싶습니다. 저에게 자비를 베푸시어 해에게 지도록 명령을….
>
> 왕 : 만약 짐이 어떤 장군에게 물새로 변하도록 명령했는데 그 장군이 명령을 수행하지 않는다면 둘 중 누구의 잘못이겠느냐?

1. 왕이 어린 왕자의 부탁을 들어줄 수 없는 이유는 무엇입니까?

2. 장군이 왕의 명령을 수행하지 않는 이유는 무엇입니까?

3. 부탁이나 명령은 어떠해야 하는지 자기의 생각을 써봅시다.

ABOU Awesome Book of yoUrs

5장

13. 사업가

네 번째 별은 사업가의 별이었다. 그 사람은 너무 시간이 없어서 어린 왕자가 왔는데도 고개도 들지 않았다.

"안녕하세요?"

어린 왕자가 그에게 말했다.

"담뱃불이 꺼졌군요."

"3 더하기 2는 5, 5 더하기 7은 12, 12 더하기 3은 15, 어, 안녕! 15 더하기 7은 22, 22 더하기 4는 26, 22 더하기 6은 28, 다시 불붙일 시간이 없어! 28 더하기 5는 33… 휴우, 그러니까 5억 백 62만 2731이 되는구나."

"뭐가 5억이에요?"

"어? 너 아직도 거기 있었니? 5억 1백만… 멈출 수가 없어. 내가 너무 바빠서, 중요한 일이 많아서 허튼 소리할 시간이 없어! 2 더하기 5는 7…."

"뭐가 5억이에요?"

한 번 질문을 하면 포기를 해본 적이 없는 어린 왕자가 다시 물었다.

사업가가 고개를 들었다.

"내가 이 별에서 54년 동안 살고 있는데 방해를 받은 적은 딱 세 번밖에 없었어. 첫 번째는 22년 전이었어, 웬 풍뎅이가 어디서 왔는지 여기 떨어졌어. 그놈이 요란한 소리를 내서 내 계산이 네 군데나 틀렸었지. 두 번째는 11년 전에 신경통이 도져서 말이야.

내가 운동 부족이거든. 산책할 시간이 없으니까. 난 중요한 일을 하는 사람이라서 그래. 세 번째는… 바로 지금이야! 내가 얼마라고 했더라, 5억 1백만….”

"뭐가 5억 1백만이라는 거지요?"

사업가는 이 질문에 대답하기 전까지는 조용해질 가능성이 없다는 것을 깨달았다.

"수백만 개에 달하는 작은 것이 뭐냐 하면, 가끔 하늘에서 볼 수 있는 것이다."

"파리요?"

"아니! 반짝거리는 작은 것들 말이다."

"꿀벌이요?"

"아니! 게으름뱅이들을 멍청한 공상에 잠기게 하는 금빛 작은 것들 말이다. 하지만 나는 중대한 일을 하는 사람이야. 그런 멍청한 공상에 잠길 시간이 없는 사람이다."

"아! 별을 말씀하시는군요!"

"그래. 별이다."

"그런데 별 5억 개를 가지고 뭘 하시는 건데요?"

"5억 162만 2731 개지. 나는 중요한 일을 하는 사람이야. 나는 정확한 사람이지."

"그 별들을 가지고 뭘 하시는 건데요?"

"뭘 하냐고?"

"네."

"아무것도 안 해. 그것들을 소유하고 있지."

"별들을 소유하고 있다고요?"

"그래."

"그런데 지난번에 내가 만났던 어떤 왕이 이미…."

"왕은 소유하지 않아. 그들은 지배하지. 그건 아주 다른 문제야."

"그러면 그 별들을 소유하는 게 아저씨에게 어떻게 좋은 건데요?"

"나를 부자로 만들어 주는 데에 좋지"

"그러면 부자가 되는 게 뭐가 좋은 건데요?"

"다른 별들을 발견하면 그걸 살 수 있게 해주지."

'이 아저씨도 그 가엾은 주정뱅이 아저씨처럼 말하고 있군.'

어린 왕자는 이런 생각이 떠올랐지만 그래도 그는 질문을 계속했다.

"별들을 소유하는 게 어떻게 가능하나요?"

"별들이 누구 거지?" 사업가가 투덜대듯 되물었다.

"몰라요. 그 누구 것도 아니죠."

"그러니까 그건 내 것이지. 왜냐하면 제일 먼저 그 생각을 한 사람이 나니까."

"그러면 그게 아저씨 것이 되는 거예요?"

"물론이지. 임자 없는 다이아몬드는 그걸 발견한 사람이 소유하는 거다. 네가 만일 임자가 없는 섬을 발견하면 그건 너의 소유가 되는 거야. 네가 다른 사람보다 먼저 어떤 좋은 아이디어를 생각해 냈다면 너는 특허를 내. 그러면 그건 네 소유가 되니까. 그래서 나는 별들을 소유하고 있는 거야. 나보다 먼저 저 별들을 소유할 생각을 한 사람이 아무도 없었거든."

"그건 그러네요. 그런데 아저씨는 그 별들을 가지고 뭘 할 건데요?"

어린 왕자가 말했다.

"그것들을 관리하지. 세어보고 또 세어보는 거야. 그건 어려운 일이지만 나는 원래 중요한 일에는 관심이 많은 사람이거든!"

사업가가 대답했지만 어린 왕자는 별로 만족스럽지 않았다.

"나는 머플러를 소유하고 있으면 그걸 목에 두르고 다닐 수가 있어요. 또 꽃을 소유하고 있으면 그 꽃을 꺾어서 갖고 다닐 수가 있고요, 하지만 아저씨는 별들을 하늘에서 딸 수도 없잖아요"

"그럴 수는 없지. 그러나 은행에 넣어 둘 수는 있지."

"그게 무슨 말이에요?"

"쪽지에다가 내 별들의 개수를 적어서 그 종이를 서랍에 넣고 잠근단 말이야."

"그리고 그게 다예요?"

"그거면 충분하지."

'그거 재미있는데. 아주 시적이야. 하지만 그렇게 중요한 일은 아니군.'

어린 왕자는 무엇이 중요한 일인가에 대해서 어른들과는 생각이 매우 달랐다.

"저는요, 꽃을 한 송이 소유하고 있는데 제가 매일 물을 줘요. 화산도 세 개를 소유하고 있어서 매주 청소를 해줘요. 불이 꺼진 사화산도 청소해줘요. 사화산도 언제 어떻게 될지 알 수 없거든요. 내가 꽃과 화산을 소유하고 있는 건 걔네에게도 이로운 일이에요. 그런데 아저씨는 별들을 이롭게 하지 않잖아요."

사업가는 입을 벌렸다. 하지만 아무런 할 말을 찾을 수 없었다. 그래서 어린 왕자는 그 별을 떠났다.

'어른들은 확실히 모두 이상하군.'

어린 왕자는 여행을 떠나면서 중얼거렸다.

질문하는 어린 왕자

1. 소유란 무엇일까요? 소유와 지배는 어떻게 다를까요?
2. 쪽지에 별들의 개수를 써서 서랍에 넣고 잠그면 소유하는 것일까요?
3. 내가 소유하고 있는 것은 무엇인가요?
4. 온전한 나만의 소유물이 있다면 그것을 무엇으로 증명할 수 있을까요?
5. 여러분은 무엇을 소유하고 싶은가요?

14. 가로등 지기

다섯 번째 별은 무척 신기한 별이었다. 그 별은 별 중에서 제일 작았다. 그곳엔 가로등 하나와 가로등 지기 한 사람이 있을 자리밖에 없었다. 어린 왕자는 이 하늘 어딘가에, 집도 사람들도 없는 행성에서 가로등과 가로등 지기가 무슨 소용이 있는지 이해할 길이 없었다. 그렇지만 그는 속으로 이렇게 중얼거렸다.

'이 아저씨는 어리석은 사람일지도 몰라… 그래도 왕이나 허영쟁이, 사업가, 그리고 주정뱅이 아저씨보다는 덜 어리석은 사람이야… 적어도 이 아저씨가 하는 일은 의미가 있어. 아저씨가 가로등에 불을 밝힐 때마다 별 한 개를, 혹은 꽃 한 송이를 새로 태어나게 하는 거나 마찬가지니까. 가로등을 끌 때면 그 꽃이나 그 별을 잠들게 하는 거고. 이건 아주 아름다운 직업이야. 아름다우니까 정말 유익 한 직업이고….'

그 별에 도착해서 그는 가로등 지기에게 공손히 인사했다.

"안녕히 주무셨어요? 왜 방금 가로등을 끄셨어요?"

"안녕 잘 잤니? 이건 명령이야!"

가로등 지기가 대답했다.

"명령이 뭐예요?"

"명령은 내가 가로등을 끄는 거지. 잘 자!"

그는 다시 불을 켰다.

"왜 지금 가로등을 다시 켜셨어요?"

"이건 명령이야."

"저는 이해가 잘 안 가요."

"이해해야 하는 건 아무것도 없어. 명령은 명령이니까. 잘 잤니?"

가로등 지기가 말하며 가로등을 끈 뒤 붉은 체크무늬 손수건으로 이마의 땀을 닦았다.

"난 정말 힘든 직업을 가졌어. 예전에는 괜찮았는데, 아침에는 불을 끄고 저녁이 되면 다시 켰지. 그래서 낮에는 쉬고 밤에는 잠을 잘 수 있었거든."

"그런데 그 뒤에 명령이 바뀌었어요?"

"명령은 바뀌지 않았어. 그게 문제야. 이 별은 해가 점점 빨리 돌고 있는데 명령은 바뀌지 않았단 말이야!"

"그래서요?"

"그래서 이제는 이 별이 일 분에 한 바퀴를 도니까 내가 쉴 새 없이 일 분마다 가로등을 껐다가 켰다가 해야 하는 거지."

"거 참 재미있네! 아저씨가 사는 이곳에는 하루가 일 분이라니!"

"재미있을 거 하나도 없어. 우리가 이야기를 시작한 지 벌써 한 달이 지났단다."

"한 달이요?"

"그래. 한 달. 삼십 분이니까, 삼십 일이지! 잘 자."

그는 다시 가로등을 켰다.

어린 왕자는 그를 지켜보았다. 명령에 그렇게 충실한 그 가로등 지기가 그는 좋아졌다. 그는 옛날에 의자를 옮겨서 석양을 보았던 것이 생각났다. 그리고 그는 이 아저씨를 돕고 싶었다.

"저기요, 아저씨가 쉬고 싶을 때 언제든지 쉬는 방법이 있어요."

"나는 언제나 쉬고 싶지."

사람은 누구나 성실하면서도 동시에 게으를 수 있다. 어린 왕자는 설명을 이어갔다.

"아저씨네 별은 아주 작으니까 세 걸음만 옮기면 한 바퀴를 다 돌 수 있잖아요. 아저씨가 계속 햇빛 아래 있으려면 천천히 걸으시면 돼요. 쉬고 싶을 때면 걸으세요. 그러면 아저씨가 원하는 만큼 낮이 길어질 거예요."

"그건 별로 도움이 되지 않는구나. 내가 제일 하고 싶은 것은 잠을 자는 거거든."

"거 참, 안됐네요."

"내가 운이 없는 거야. 잘 잤니?"

그러고는 가로등을 껐다.

어린 왕자는 더 멀리 여행을 떠나면서 중얼거렸다.

'저 아저씨는 다른 모든 사람, 왕이나 허영심 많은 사람이나 주정뱅이, 그리고 사업가 같은 사람들에게 업신여김을 받을 거야. 하지만 우스꽝스럽지 않은 사람은 저 아저씨뿐이야. 그건 저 아저씨가 자기 자신이 아닌 다른 일에 몰두하고 있기 때문일 거야.'

어린 왕자는 아쉬움에 한숨을 내쉬며 이런 생각도 했다.

'이 아저씨는 내가 친구로 삼고 싶은 유일한 분이었는데, 하지만 저 아저씨네 별은 너무 작아. 두 사람이 있을 자리가 없으니까.'

어린 왕자는 자신이 그 별을 떠나기 아쉬운 이유가 무엇보다 하루에 무려 1,540번이나 석양을 볼 수 있다는 사실이라는 걸 차마 스스로에게도 고백하지 못했다.

질문하는 어린 왕자

1. 유익한 직업은 어떤 직업을 말하나요? 그러한 직업에는 무엇이 있을까요?
2. 사회가 변하면서 직업도 달라집니다. 그러한 직업에는 무엇이 있을까요?
3. 명령이 바뀌지 않아서 1분마다 가로등 켜고 끄기를 반복하는 가로등지기의 행동에 대해 어떻게 생각하나요?
4. 어린 왕자가 가로등지기와 친구가 되고 싶어 한 까닭은 무엇인가요?
5. 가로등지기는 어떤 사람을 상징하는 인물일까요?

15. 지리학자

　여섯 번째 별은 그가 마지막으로 떠나온 별보다 열 배나 컸다. 그 별에는 나이 많은 신사 한 분이 커다란 책을 쓰고 있었다.

　"오! 탐험가가 하나 오는군!"

　어린 왕자를 보며 그가 큰 소리로 외쳤다. 어린 왕자는 탁자에 앉아 잠시 숨을 몰아쉬었다. 여태까지 멀고 긴 여행을 해왔기 때문이다.

　"너는 어디에서 오는 길이냐?"

　그 나이 많은 신사가 물었다.

　"이 두꺼운 책은 뭐예요? 할아버지는 여기서 뭘 하시나요?"

　"난 지리학자란다."

　"지리학자가 뭐예요?"

　"바다와 강과 도시와 산, 사막이 어디에 있는지를 아는 학자란다."

　"것 참 재미있네요. 여기에 드디어 진짜 직업을 가진 분이 계시네요."

　어린 왕자는 이렇게 말한 후에 지리학자의 별을 한 번 둘러보았다. 이 별은 그가 본 별 중에 가장 크고 훌륭한 별 같았다.

　"할아버지네 별은 참 아름답네요. 이 별에는 대양도 있나요?"

　"나는 잘 모르겠구나."

　지리학자가 말했다.

"아…."

어린 왕자는 조금 실망했다.

"그러면 산은 있나요?"

"나는 잘 모르겠구나."

"마을과 강과 사막은요?"

"나는 그것도 잘 모르겠구나."

"하지만 할아버지는 지리학자잖아요."

"그렇지. 하지만 난 탐험가가 아니거든. 나는 이 별에서 탐험가를 한 명도 본 적이 없단다. 마을과 강과 산, 바다와 대양, 그리고 사막의 숫자를 세러 돌아다니는 건 지리학자가 하는 일이 아니거든. 지리학자는 너무 중요한 사람이라서 한가히 돌아다닐 수가 없지. 지리학자는 자기의 책상을 떠나지 않거든. 서재에서 탐험가들을 만나지. 지리학자는 그들에게 질문을 해서 그들이 탐험한 것들을 떠올리게 하고, 그걸 기록하지. 그리고 어떤 탐험가의 기억 중에 흥미로운 게 있으면 지리학자는 그 사람의 도덕성을 조사하라고 하지."

"그건 왜요?"

"거짓말을 하는 탐험가는 지리책에 커다란 재앙을 불러오니까. 술을 너무 마시는 탐험가도 마찬가지지."

"그건 왜요?"

"그건 왜냐하면 술에 취한 사람은 모든 걸 두 개로 보거든. 그러면 지리학자는 산이 하나밖에 없는 곳에 두 개가 있다고 기록하게 되니까."

"저도 한 사람 알아요."

"그 사람도 나쁜 탐험가가 될 수 있겠군요."

"그럴 수도 있지. 그래서 탐험가가 훌륭한 것 같으면 그의 발견을 조사하는 거야."

"거기에 가보시나요?"

"아니지. 그러면 너무 복잡해져. 그 대신 탐험가에게 증거를 가져오라고 요구하지. 예를 들면 커다란 산을 발견했을 때는 그 산의 돌멩이를 가져오라고 하는 거지."

지리학자는 갑자기 흥분하며 말했다.

"그런데 넌 멀리서 왔구나! 너는 탐험가야! 네 별에 대해서 말해다오!"

그러더니 지리학자는 기록장을 펴고 연필을 깎았다. 그는 처음에는 탐험가의 이야기를 연필로 적었다가 그가 증거를 가져오기를 기다린 다음 잉크로 적는다고 하였다.

지리학자가 기대에 차서 외쳤다.

"자!"

"아, 내가 사는 곳은 별로 재미가 없어요…. 아주 작거든요. 나에게는 화산이 세 개 있어요. 두 개는 불이 있는 활화산이고 하나는 불이 꺼진 사화산이지요. 하지만 언제 어떻게 될지 아무도 몰라요."

"아무도 모르지."

"나는 꽃도 한 송이 가지고 있어요."

"우리는 꽃을 기록하지 않아."

"왜요? 그게 내 별에서 제일 아름다운 것인데요."

"왜냐하면 꽃들은 일시적이니까."

"일시적인 게 뭔데요?"

"지리책은, 모든 책 중에서 가장 중요한 책이야. 지리책은 고물이 되면 안 돼. 산이 위치를 옮기는 일은 거의 일어나지 않거든. 바닷물이 말라버리는 일도 거의 일어나지 않고.

우리는 영원한 것들을 기록해."

"하지만 불 꺼진 화산이 다시 살아날 수도 있잖아요. 일시적인 게 뭐예요?"

"화산은 꺼져 있거나 살아 있거나 우리에게는 같은 거야. 우리에게 중요한 건 '산'이라는 거지. 산은 변하지 않거든."

"그런데 일시적인 게 뭐예요?"

한번 질문하면 포기해 본 적이 없는 어린 왕자가 다시 물었다.

"그건 멀지 않은 장래에 사라질 위험이 있다는 뜻이지."

"내 꽃은 멀지 않은 장래에 사라질 위험에 처해 있나요?"

"물론이지."

어린 왕자는 생각했다.

'내 꽃은 일시적인 존재야. 세상에 맞설 무기라고는 4개의 가시밖에 없고. 그런데 나는 그 꽃을 내 별에 혼자 내버려 두고 왔어!'

그것은 후회의 시작이었다. 그러나 그는 다시 한번 용기 내서 여행을 떠나기로 했다.

"할아버지는 저에게 어디를 가보라고 추천하시겠어요?"

그가 물었다.

"지구라는 행성으로 가봐. 평판이 매우 좋거든."

그래서 어린 왕자는 그의 꽃에 대해 생각하며 다시 길을 떠났다.

질문하는 어린 왕자

1. 지리학자와 탐험가는 어떤 차이가 있다고 생각하나요?
2. 지리학자가 중요하고 가치 있게 여기는 것은 무엇이었나요?
3. 일시적인 것과 영원한 것은 무엇이 다를까요?
4. 일시적인 것과 영원한 것 중에 가치 있는 것들은 무엇이 있을까요?
5. 가치가 있다는 것은 어떤 의미일까요?

16. 지구

    그래서 일곱 번째 별은 지구가 되었다. 지구는 그냥 평범한 별이 아니었다! 그곳에는 흑인 나라의 왕을 포함한 111명의 왕과 7,000명의 지리학자와 90만 명의 사업가, 그리고 750만 명의 주정뱅이와 3억 1,100만 명의 허영쟁이가, 즉 약 20억 명의 어른들이 살고 있었다. 전기가 발명되기 전까지는 여섯 개의 대륙에 모두 46만 2,511명으로 이루어진 가로등 지기 부대가 있었다는 이야기를 내가 들려드리면 여러분은 지구가 얼마나 큰지 상상할 수 있을 것이다. 그래서 지구를 조금 멀리 떨어져서 보면 굉장히 멋진 광경이 벌어졌다. 가로등 지기 부대가 움직이는 모습은 오페라의 발레단 같았다. 맨 처음에 뉴질랜드와 오스트레일리아의 가로등 지기들이 나타나 가로등을 켜고 나서 잠을 자러 가고 나면 중국과 시베리아의 가로등 지기들이 발레 공연의 무대에 나타났다. 그들이 무대 뒤로 슬쩍 사라지고 나면 러시아와 인도의 가로등 지기들이 나타났다. 그다음에는 아프리카와 유럽의 가로등 지기들, 또 그다음에는 남아메리카의 가로등 지기들, 또 그다음에는 북아메리카의 가로등 지기들이 차례차례로 나타났다. 그런데 그들은 무대에 나타나는 순서를 한 번도 헷갈리지 않았다. 그것은 정말 굉장한 광경이었다. 오직 북극에 있는 단 한 명의 가로등 지기와 그의 한 명뿐인 동료인 남극의 가로등 지기만이 한가롭고 태평스러운 삶을 살고 있었다. 그들은 일 년에 두 번만 일을 했다.

질문하는 어린 왕자

1. 오늘날 지구에는 얼마나 많은 사람들이 살고 있을까요?
2. 지구의 가로등지기가 움직이는 모습이 오페라의 발레단 같았다고 한 말의 의미는 무엇일까요?
3. 여러분이 생각하는 지구의 아름다운 모습에는 어떤 것이 있나요?
4. 지리학자는 왜 어린 왕자에게 지구를 다음 여행지로 추천하였을까요?

생각을 나누어 봅시다.

💡 **어린 왕자가 자신의 별을 떠나 만난 인물들의 정보를 정리해 봅시다.**

인물	사는 곳	주로 하는 행동	인상 깊은 말
	- 소행성 328호	- 계산하기	
	-	-	
	-	-	

💡 **어린 왕자가 만난 인물들이 중요하게 생각하는 것과 그들이 하는 일을 연결해 봅시다.**

사업가	· ·	기록	· ·	일 분마다 가로등을 껐다가 켰다가 하기를 반복한다.
가로등 지기	· ·	명령	· ·	탐험가를 만나 질문하고, 그 내용을 적는다.
지리학자	· ·	소유	· ·	별들을 발견하고, 종이에 적어 은행에 넣어 둔다.

💡 **어린 왕자가 만난 인물들의 말과 행동을 보고 비판해 봅시다.**

내용 \ 인물	(사업가)	(가로등 지기)	(지리학자)
문제점	별을 세기만 하고 소유하려고만 한다.		
나라면 어떻게 할까요?	별 세기를 멈추고, 별의 아름다움을 감상한다.		

💡 어린 왕자와 사업가가 주고받은 대화를 읽고, 물음에 답해 봅시다.

아저씨는 그 별들을 가지고 뭘 할 건데요?

그것들을 관리하지. 세어보고 또 세어보는 거야.

나는 머플러를 소유하고 있으면 그걸 목에 두르고 다닐 수가 있어요. 또 꽃을 소유하고 있으면 그 꽃을 꺾어서 갖고 다닐 수가 있고요, 하지만 아저씨는 별들을 하늘에서 딸 수도 없잖아요.

꽃을 한 송이 소유하고 있는데 제가 매일 물을 줘요. 화산도 세 개를 소유하고 있어서 매주 청소를 해줘요. 내가 꽃과 화산을 소유하고 있는 건 걔들에게 이로운 일이에요. 그런데 아저씨는 별들에게 이롭게 하지 않잖아요.

1. 어린 왕자와 사업가가 생각하는 '소유'는 무엇인가요?

어린 왕자	사업가

2. 소유한다는 것은 어떤 의미라고 생각하나요?

3. 자신이 소유하고 있는 것은 무엇이 있나요?

4. 사람들은 왜 소유하고 싶어 할까요?

5. 위의 내용을 참고하여 '진정한 소유'란 무엇인지 글을 써봅시다.

> ☑ 쓰기 전에 잠깐! 이렇게 써야 합니다.
> ① 전체 글이 5문장 이상이 되도록 쓰세요.
> ② 자기의 경험과 그렇게 생각한 이유가 드러나도록 쓰세요.

제목 :

ABOU Awesome Book of yoUrs

6장

17. 사막의 뱀

사람이 재미나게 말하려다 보면 좀 거짓말을 하는 경우가 있다. 가로등 지기 이야기는 사실 아주 정직한 것은 아니었다. 자칫하면 지구에 대해 잘 알지 못하는 사람들에게 지구에 대한 잘못된 생각을 갖게 할 수도 있을 만한 이야기였다. 사실 사람들은 지구에서 아주 작은 자리를 차지하고 있을 뿐이었다. 지구에 사는 20억의 사람들이 모여서 서로 바짝 붙어 서있는다면 가로세로 약 32킬로미터 정도의 광장으로 충분하며, 태평양의 작은 섬 하나에도 사람들은 모두 빽빽하게 들어설 수도 있을 것이다. 물론 어른들은 여러분이 이런 말을 하면 믿지 않을 것이다. 왜냐하면 그들은 자신들이 엄청나게 큰 자리를 차지하고 있다고 생각하기 때문이다. 그들은 자신이 바오밥나무처럼 중요하다고 착각하고 있다. 그러니까 여러분은 그들에게 계산을 해보라고 충고해야 한다. 그러면 그들은 숫자를 좋아하니까 기뻐할 거다.

하지만 여러분은 숫자 계산에 시간을 낭비할 필요가 없다. 그건 쓸모없는 짓이다. 여러분은 내 말을 믿으니까. 그런데 어린 왕자는 지구에 도착했을 때 사람이라곤 아무도 보이지 않아서 매우 놀랐다. 혹시 잘못해서 다른 별에 찾아온 것이 아닌가 싶어 겁이 나기 시작할 무렵, 황금 달빛 색깔의 밧줄 꾸러미 같은 것이 모래 속에서 반짝이며 움직이는 것이 보였다.

"안녕…."

어린 왕자가 정중하게 말했다.

"안녕."

뱀이 말했다.

"내가 도착한 곳이 무슨 별이니?"

"지구야. 여긴 아프리카지."

"아, 그래? 그런데 지구에는 사람이 없니?"

"여기는 사막이야. 사막에는 아무도 살지 않아. 지구는 넓거든."

어린 왕자는 바위에 걸터앉아 하늘을 바라보았다.

"하늘에 별들이 불을 밝히는 건 언제든지 다시 자기 별을 찾아낼 수 있게 그러는 것인지 궁금해. 내 별을 봐! 바로 우리 위에 있어! 그런데 정말 멀리 있네!"

"너는 참 아름답구나. 그런데 너는 왜 여기에 온 거니?"

"어떤 꽃하고 문제가 조금 있었거든."

"그랬구나!"

그들은 한참 말이 없었다.

이윽고 어린 왕자가 다시 입을 열었다.

"사람들은 어디에 있니? 사막은 조금 외롭네."

"사람들 가운데 있어도 역시 외롭단다."

어린 왕자는 그를 한참 바라보았다.

"넌 아주 재미있게 생긴 동물이구나. 손가락처럼 가느다랗고."

"난 왕의 손가락보다도 힘이 더 세단다."

어린 왕자는 미소를 지으며 말했다.

"넌 힘이 그렇게 세지 않아. 발도 없고 여행도 갈 수 없잖아."

"난 배가 데려갈 수 있는 곳보다 더 먼 곳으로 너를 데려갈 수 있어."

뱀이 어린 왕자의 발목을 금팔찌처럼 휘감더니 말했다.

"나는 나를 건드리는 사람을 자기가 태어난 땅으로 돌려보내 주지. 하지만 너는 순수하고 또 다른 별에서 왔으니까…."

어린 왕자는 아무런 대답도 하지 않았다.

"가엾어라, 그렇게 연약한 몸으로 이 바위투성이 지구에 왔으니… 너의 별이 몹시 그리워지면 언제든지 나에게 말해. 내가 너를 도와줄 수 있을 거야. 난….."

"아! 무슨 뜻인지 정말 잘 알겠어."

어린 왕자가 말했다.

"그런데 넌 왜 그렇게 언제나 수수께끼처럼 말하니?"

"나는 그 모든 걸 해결하지…."

뱀이 말했다.

그러고는 둘 다 침묵했다.

질문하는 어린 왕자

1. 재미있게 말하기 위해 거짓말을 한 적이 있나요? 그때 기분은 어땠나요?
2. 사람이 없는 곳에 혼자 서 있어 본 적이 있나요? 어떤 생각이 들었나요?
3. 뱀은 왜 사람들 가운데 있어도 역시 외롭다고 하였을까요?
4. 뱀이 왕의 손가락보다 자신의 힘이 더 세다고 말한 까닭은 무엇일까요?
5. 뱀은 어린 왕자에게 언제 어떻게 도움을 주겠다는 것인가요?

18. 볼품 없는 꽃

어린 왕자는 사막을 가로질러 가다가 꽃잎이 석 장밖에 없는 볼품없는 꽃 한 송이를 만났다.

"안녕…."

"안녕…."

"사람들은 어디에 있니?"

어린 왕자가 정중하게 물었다.

그 꽃은 예전에 사막의 상인들이 무리 지어 지나가는 것을 본 적이 있었다.

"사람들? 내 생각에… 지구에는 한 예닐곱 명의 사람들이 사는 것 같아. 몇 년 전에 그들을 본 적이 있어. 하지만 지금은 어디 있는지 알 수가 없네. 그들은 바람결에 불려 다니거든. 뿌리가 없어서 무척 힘들게들 살고 있어…."

"그래 잘 있어…."

어린 왕자가 말했다.

"잘 가…."

꽃이 대답했다.

질문하는 어린 왕자

1. 꽃은 왜 지구에 사는 사람들이 예닐곱 명이라고 생각하나요?
2. 뿌리가 없어서 무척 힘들게 산다는 말은 무슨 뜻인가요?
3. 뿌리가 있는 삶과 뿌리가 없는 삶은 어떻게 다를까요? 어떤 삶이 더 나은 삶이라고 생각하나요?
4. 어린 왕자가 만난 볼품 없는 꽃은 행복할까요? 왜 그렇게 생각하나요?

💭 생각을 나누어 봅시다.

💡 **다음은 어린 왕자가 지구에 처음 도착했을 때의 이야기입니다. (　)안에 알맞은 말을 찾아 써봅시다.**

- 어린 왕자는 아프리카의 한 (　)에 도착하여 (　)을 만났습니다.
- 어린 왕자는 그에게 (　)처럼 가늘고 (　)도 없어서 (　)도 갈 수 없다고 말했습니다.
- 그곳을 (　)가다가 어느 볼품없는 꽃을 만나 (　)들은 어디에 있냐고 물었습니다.
- 그 꽃은 예전에 사막의 (　)들이 지나가는 것을 본 적이 있었습니다.

💡 **다음은 사막에 사는 꽃잎이 석 장밖에 없는 꽃이 어린 왕자에게 한 말입니다. 글을 읽고 물음에 답해 봅시다.**

내 생각에 지구에는 한 예닐곱 명의 사람들이 있는 것 같아.
몇 년 전에 그들을 본 적이 있어. 하지만 지금은 어디 있는지 알 수가 없네.
그들은 바람결에 불려다니거든. 뿌리가 없어서 무척 어렵게들 살고 있어.

1. 꽃이 한 말에 어울리는 속담을 모두 골라 ○표해봅시다.

· 발 없는 말이 천리 간다. (　)	· 우물 안의 개구리 (　)
· 등잔 밑이 어둡다. (　)	· 장님 코끼리 만지기 (　)

2. 위에서 내가 고른 속담을 옮겨 써 보고, 선택한 이유를 써 봅시다.

내가 고른 속담	선택한 이유

3. 꽃은 어떤 성격일까요? 그렇게 생각한 이유도 써봅시다.

꽃이 한 말	꽃의 성격	그렇게 생각한 이유

💡 다음을 보고, 물음에 답해 봅시다.

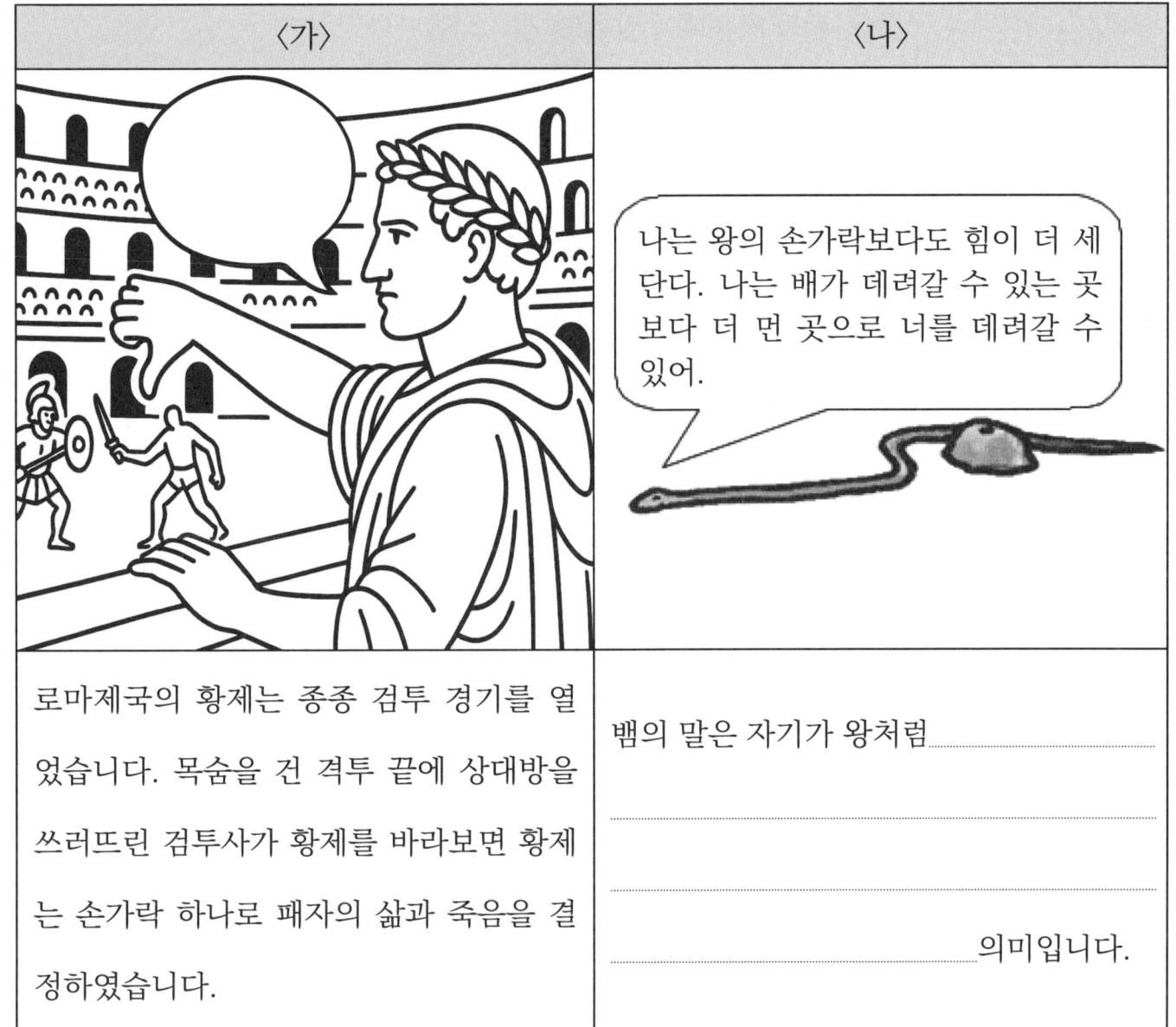

1. 〈가〉의 그림과 글을 참고하여 황제가 하는 말을 말 주머니에 써봅시다.

2. 〈나〉에서 뱀이 한 말의 의미를 생각하여 문장을 완성해 봅시다.

💡 **다음은 뱀이 어린 왕자에게 한 말입니다. 물음에 답해봅시다.**

"사람들 가운데에 있어도 역시 외롭단다."

1. 사람들은 외로울까요? _____

2. 사람들은 주로 언제 외로움을 느낄까요? _____

3. 사람들과 함께 있어도 외로울 수도 있나요? _____

4. 자신이 3번과 같은 경험을 한 적이 있나요? _____

5. 지금까지 쓴 답을 참고하여 뱀의 말에 대한 자기의 생각을 써봅시다.

7장

19. 메아리

어린 왕자는 어느 높은 산 위에 올랐다. 그는 자기의 무릎 정도의 높이밖에 되지 않는 세 개의 화산밖에 몰랐다. 그는 불 꺼진 사화산은 의자로 쓰기도 했었다. 그래서 그는 '이렇게 높은 산에서는 이 행성과 여기에 사는 모든 사람을 한눈에 볼 수 있을 거야.'라고 생각했다. 하지만 그는 바늘 끝처럼 뾰족한 산봉우리 밖에 볼 수 없었다.

"안녕!"

그는 정중하게 외쳐 보았다.

"안녕~ 안녕~ 안녕~."

메아리가 대답했다.

"너는 누구니?"

어린 왕자가 말했다.

"너는 누구니~ 너는 누구니~ 너는 누구니~."

메아리가 대답했다.

"내 친구가 되어 줘. 나는 혼자뿐이야!"

그가 말했다.

"나는 혼자뿐이야~ 나는 혼자뿐이야~ 나는 혼자뿐이야~."

메아리가 대답했다.

'참 이상한 별이군…. 모든 게 메마르고, 뾰족하고, 거칠고, 다가갈 수 없게 생겼어. 게다가 사람들은 상상력도 없네. 다른 사람이 한 말을 되풀이하고 말이야. 나의 별에는 꽃 한 송이가 있지만 그 꽃은 언제나 먼저 말을 걸었었는데….'

질문하는 어린 왕자

1. 어린 왕자는 어떤 마음으로 높은 산에 올랐을까요?
2. 여러분이 산에 올라 외친다면 메아리로부터 어떤 말을 듣고 싶나요?
3. 여러분은 어린 왕자에게 지구가 어떤 별이라고 말해 주고 싶나요?
4. 메아리 소리를 듣고 장미꽃을 떠올린 어린 왕자의 마음은 어땠을까요?
5. 현재의 경험을 통해서 과거에 대한 새로운 깨달음을 얻은 적이 있나요?

20. 장미꽃들

어린 왕자는 모래와 바위와 눈을 가로질러 한참을 걸어 드디어 어떤 길 위에 다다랐다. 모든 길은 사람들이 있는 곳으로 이어지기 마련이다. 그는 장미가 만발한 어느 정원 앞에 섰다.

"안녕."

그가 말했다.

"안녕."

장미꽃들이 말했다. 어린 왕자는 꽃들을 바라보았다. 그들은 모두 어린 왕자의 꽃과 똑같아 보였다.

"너희들은 누구니?"

충격을 받은 어린 왕자가 그들에게 물었다.

"우리는 장미꽃들이야."

장미꽃들이 대답하자 어린 왕자는 갑자기 슬픔이 북받쳤다. 어린 왕자가 두고 온 꽃은 이 세상에 자기와 같은 꽃은 없다고, 자신은 오직 하나뿐이라고 말했었다. 그런데 정원 하나에 자신의 꽃과 똑같은 꽃들이 5천 송이나 피어있는 것이 아닌가!

'내 꽃이 몹시 속상할 거야.'

그는 혼자 중얼거렸다.

'기침을 엄청나게 해대면서 창피스러운 모습을 보이지 않으려고 죽는 시늉을 하며 엄살을 부릴 테지. 그럼 나는 돌봐주는 척을 해야겠지. 그렇게 하지 않으면 나에게 죄책감을 주려고 진짜 죽어 버릴지도 몰라.'

그는 계속 중얼거렸다.

'이 세상에 오직 하나뿐인 꽃을 가졌으니까 나는 내가 대단한 줄 알았는데 내 꽃도 그냥 평범한 꽃이잖아… 그리고 내 무릎밖에 안 오는 화산 세 개… 그중에 하나는 영원히 죽었을지도 모르고… 그 화산과 그 꽃으로 내가 어떻게 훌륭한 왕자가 될 수 있겠어?'

어린 왕자는 풀숲에 엎드린 채 슬피 울었다.

질문하는 어린 왕자

1. 정원에 핀 수많은 장미꽃을 본 어린 왕자는 왜 슬픔이 북받쳤을까요?

2. 사람들 속에서 내가 너무 평범하게 느껴졌던 경험이 있나요?

3. 어린 왕자는 왜 자신의 꽃이 속상하고 창피할 것이라고 생각했나요?

4. 어린 왕자는 왜 자신이 훌륭한 왕자가 될 수 없다고 생각하나요?

5. 훌륭한 왕자가 될 수 없다고 슬퍼하는 어린 왕자에게 어떤 말을 해주고 싶나요?

> 생각을 나누어 봅시다.

🔆 **이야기를 읽고, ( ) 안에 알맞은 말을 찾아 써봅시다.**

어린 왕자는 높은 산에 올라 외쳤습니다. 돌아오는 것은 그의 말을 되풀이하는 (　　　) 뿐이었습니다. 어린 왕자는 지구는 (　　　) 별이라고 생각했습니다. 지구의 사람들은 (　　　)이 없다고 생각했습니다.

🔆 **빈칸에 알맞은 답을 써봅시다.**

1. 어린 왕자가 지구에 대해 오해하지 않도록 어린 왕자에게 대답해 봅시다.

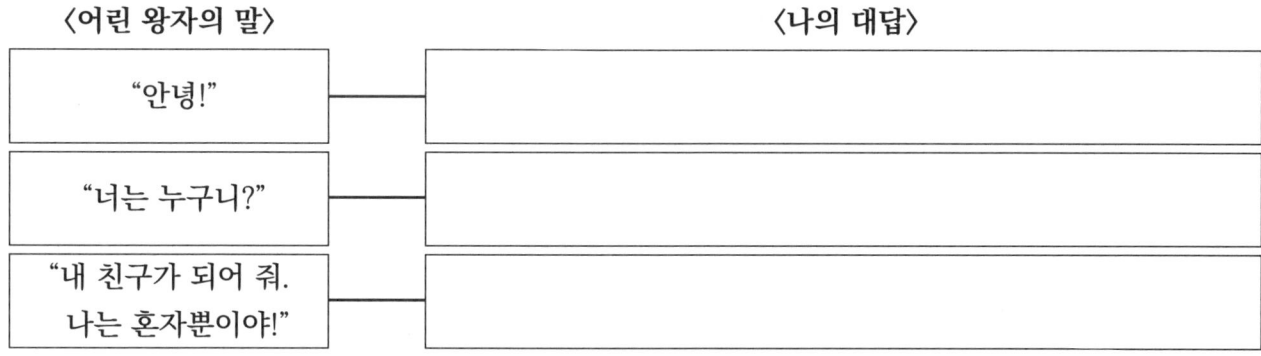

2. 어린 왕자는 5천 송이의 장미꽃을 보고 난 후 슬피 울었습니다. 어린 왕자가 꽃들을 보기 전과 본 후 생각이 어떻게 바뀌었는지 써봅시다.

'이 세상에 오직 하나뿐인 꽃을 가졌으니까 나는 내가 대단한 줄 알았는데 내 꽃도 그냥 평범한 꽃이잖아… 그리고 내 무릎밖에 안 오는 화산 세 개… 그중에 하나는 영원히 죽었을지도 모르고… 그 화산과 그 꽃으로 내가 어떻게 훌륭한 왕자가 될 수 있겠어?'

장미꽃들을 보기 전	장미꽃들을 본 후

💡 남의 눈에는 흔하고 다른 것들과 똑같이 생겼지만 나에게 만큼은 특별하고 소중 한 것을 소개해 봅시다.

특별한 것	특별한 이유
	곰돌이 코코는 내가 세 살 때 엄마가 시장에서 사 주신 내 친구이다. 나는 코코 없이는 잠이 잘 오지 않는다.

특별한 것	특별한 이유

🔆 우리 역사에 기록된 왕자의 이야기를 읽고 물음에 답해 봅시다.

〈가〉 조선 3대 임금의 세 번째 왕자인 충녕대군은 영민하고 총명했으며 강인하고 과감했다. 침착하고 굳세며 너그럽고 후덕했다. 관대하고 부드러우며 어질고 자애로웠다. 공손하고 검소하며, 효도하고 우애함은 타고난 천성이었다.

-세종실록 1권 중-

〈나〉 왕자 담덕은 고구려 고국양왕의 아들이다. 그는 태어나면서부터 체격이 크고 생각이 대범했다. 태어나면서부터 점잖고 위엄이 있었으며, 남달리 뜻이 높았다. 전쟁에 참여하여 용감히 싸웠으며 군사적 재능을 발휘하였다.

-삼국사기 고구려본기 중-

1. 위의 글을 참고하여 훌륭한 왕자가 갖추어야 할 세 가지를 써봅시다.

순위	갖추어야 할 것	이유
1		
2		
3		

2. 1번의 답을 엮어서 글로 써봅시다.

제목:

훌륭한 왕자는 (　　)과 (　　), 그리고 (　　)이/가 있어야 한다. 그 이유는 다음과 같다.

첫째,

ABOU Awesome Book of yoUrs

8장

21. 여우와 어린 왕자

여우가 나타난 것은 바로 그때였다.

"안녕…."

여우가 말했다.

"안녕…."

어린 왕자는 공손히 대답하면서 고개를 돌렸으나 아무것도 보이지 않았다.

"난 여기 있어…. 여기 사과나무 밑에."

그 목소리가 말했다.

"너는 누구니?"

"난 여우야…."

"이리 와서 나와 함께 놀자. 난 지금 정말 불행해."

어린 왕자가 부탁하자 여우가 말했다.

"난 너와 함께 놀 수 없어… 나는 너에게 길들여지지 않았거든."

어린 왕자는 잠시 생각에 잠기더니 말했다.

"길들인다는 게 무슨 뜻이니?"

"넌 여기 살지 않는구나. 넌 무얼 찾고 있니?"

"나는 사람들을 찾고 있어. 그런데 길들인다는 게 무슨 뜻이니?"

"사람들은 총을 가지고 있어. 그리고 사냥도 해. 그게 참 성가신 일이야…. 그들은 닭도

키워. 그것이 그들의 유일한 관심사지. 너도 닭을 찾고 있니?"

"아니. 난 친구들을 찾고 있어. 길들인다는 게 무슨 뜻이니?"

"그건 사람들이 너무 자주 잊어버리는 행동이지. 그건 관계를 만든다는 의미야…."

"관계를 만든다고?"

"그렇지. 나에게 너는 아직은 수십만의 다른 남자아이들하고 똑같은 한 명의 남자아이일 뿐이야…. 그래서 난 네가 필요하지 않고…. 너에게 나는 수십만의 다른 여우와 똑같은 한 마리 여우일 뿐이고…. 하지만 네가 나를 길들인다면 나는 너에게 이 세상에 오직 하나밖에 없는 존재가 될 거야."

"점점 무슨 말인지 이해가 가."

어린 왕자가 말했다.

"꽃 한 송이가 있는데, 그 꽃이 나를 길들인 것 같아."

"그럴 수 있어. 지구에는 별별 게 다 있으니까."

"아, 아니야! 그건 지구에서의 일이 아니야."

여우는 몹시 궁금해하는 것 같았다.

"그럼 다른 별에서야?"

"그래."

"그 별에도 사냥꾼들이 있니?"

"아니."

"사냥꾼들이 없다니, 거 참 괜찮네. 그러면 닭은?"

"없어."

"완벽한 곳은 없군."

여우는 한숨을 내쉬고는 자기가 하던 이야기로 되돌아왔다.

"내 삶은 단순해. 나는 닭을 쫓고, 사람들은 나를 쫓지. 닭들은 모두 똑같고 사람들도 모두 똑같아. 그래서 난 좀 지루해. 하지만 네가 나를 길들인다면 내 삶은 햇빛이 쏟아지는 것처럼 밝아질 거야. 나는 다른 발걸음 소리하고 너의 발걸음 소리를 구분하겠지. 다른 발걸음 소리는 나를 땅굴 속으로 숨어들어 가게 하지만 너의 발걸음 소리는 나를 땅굴 속에서 밖으로 불러내겠지…. 그리고 저기를 봐! 저기 밀밭이 보이지? 난 빵을 먹지 않거든. 밀은 나에게 아무 소용이 없는 거야. 밀밭은 나에게 아무것도 떠올리게 하는 게 없어. 그건 슬픈 일이지…. 그런데 너는 황금빛 머리카락을 가졌잖아. 그러니까 네가 나를 길들이면 정말 멋진 일이 일어날 거야…. 밀은 금빛이니까 나는 밀을 보면 네가 생각나게 될 거야…. 그럼 난 밀밭 사이로 부는 바람 소리를 사랑하게 될 거야."

여우는 조용히 입을 다물고 어린 왕자를 한참 바라보더니 말했다.

"부탁이야. 나를 길들여 줘!"

"그래, 나도 정말로 그러고 싶어. 그런데 나는 시간이 별로 없어. 친구들을 찾아야 하고, 내가 이해해야 할 것들도 많아."

"사람은 오직 길들인 것만 이해할 수 있는 거야."

여우가 말을 이었다.

"사람들은 이제 무언가를 이해할 시간이 없어졌어. 그들은 가게에서 이미 만들어져 있는 것들을 사. 그런데 친구를 파는 가게는 없으니까, 사람들은 이제 친구가 없는 거지. 친구를 가지고 싶다면 나를 길들이렴."

"그럼 내가 무엇을 해야 하는 거니?"

"인내심이 있어야 해. 우선 너는 내게서 좀 떨어져서 그렇게 풀밭에 앉아 있는 거야. 나는 곁눈질로 너를 볼 거야. 너는 아무 말도 하지 마. 말은 오해의 근원이야. 그렇게 너는 매일 조금씩 나에게 더 가깝게 와서 앉을 수 있게 될 거야."

다음날 어린 왕자는 다시 그곳으로 갔다.

"언제나 같은 시각에 오는 게 좋을 거야."

여우가 말했다.

"예를 들어 만약 네가 오후 네 시에 온다면 나는 세 시부터 행복해지기 시작해서 시간이 갈수록 점점 더 행복해지겠지. 네 시에는 흥분해서 안절부절못하겠지. 그래서 행복이 얼마나 값진 것인가 알게 되겠지! 아무 때나 오면 몇 시에 마음의 준비를 해야 하는지 알 수 없잖아. 의식이 필요한 거야."

"의식이 뭔데?"

"그것도 사람들이 너무 자주 잊어버리는 행동이지. 그건 어느 하루를 다른 날들과 다르게, 어떤 시간을 다른 시간과 다르게 만드는 것이지. 예를 들면 내가 아는 사냥꾼들에게도 의식이 있어. 그들은 목요일이면 마을의 처녀들과 춤을 추지. 그래서 목요일은 신나는 날이야! 난 포도밭까지 산책하러 가지. 만약 사냥꾼들이 아무 때나 춤을 추면, 날마다 똑같은 날이 되어 버리잖아. 그럼 난 하루도 휴일이 없게 될 거야."

그래서 어린 왕자는 여우를 길들였고, 그가 떠날 시간이 다가왔을 때 여우가 말했다.

"아! 난 울고 싶어…."

"그건 너의 잘못이야. 나는 너를 속상하게 하고 싶지 않았어. 그런데 너는 내가 너를 길들여 주길 원했잖아."

"응. 그건 그래."

"그런데 너에게 좋은 게 하나도 없잖아!"

"나에게 좋은 게 있지. 밀밭의 색깔이 있잖아."

잠시 후, 여우가 다시 말했다.

"다시 가서 그 장미꽃들을 봐. 그러면 너는 너의 장미꽃이 이 세상에 오직 하나밖에 없다는 걸 깨닫게 될 거야. 그리고 다시 내게 돌아와서 작별 인사를 해줘. 그러면 내가 너에게 한 가지 비밀을 선물로 줄게."

어린 왕자는 정원의 장미꽃들을 보러 가서 그들에게 이렇게 말했다.

"너희들은 나의 장미꽃하고 전혀 닮지 않았어. 너희들은 나에게 아직 아무것도 아니야…. 아무도 너희들을 길들이지 않았고, 너희들도 아무도 길들이지 않았어. 너희는 예전의 내 여우하고 같아. 그는 수많은 다른 여우들과 똑같은 여우 중 하나였어…. 하지만 내가 그를 친구로 만들었기 때문에 그는 이제 이 세상에 오직 하나뿐인 여우야."

그러자 장미꽃들은 당황스러워 어쩔 줄 몰라 했다.

"너희들은 아름다워. 그렇지만 특별하지 않아. 누가 너희들을 위해서 죽을 수는 없을 거야. 물론 나의 꽃도 지나가는 사람에겐 너희들과 똑같은 꽃으로 보이겠지. 그렇지만 나에게는 그 꽃 한 송이가 너희들 모두보다 훨씬 더 중요해. 내가 물을 주고 바람막이로 보호해 준 건 바로 그 꽃이고, 내가 벌레를 잡아준 것도 그 꽃을 위해서지, 나비를 위해 두세 마리 남겨두기는 했지만 말이야. 내가 불평을 들어주고, 허풍을 늘어놓는 것을 들어주고, 또 때로는 말없이 침묵하는 것에 귀 기울여 준 것도 그 꽃이야. 그건 나의 장미이기 때문이지."

그리고 그는 다시 여우에게로 돌아와서 인사했다.

"안녕…."

"잘 가."

여우가 말했다.

"내 비밀은 이거야. 아주 단순해. 오직 마음으로만 보아야 잘 보인다는 거. 가장 중요한 건 눈에는 보이지 않는다는 거."

"가장 중요한 것은 눈에는 보이지 않는다."

어린 왕자는 여우의 말을 잘 기억해 두기 위해 되뇌었다.

"너의 장미꽃을 그토록 소중하게 만든 건 네가 그 꽃을 위해 쓴 그 시간이야."

"내가 나의 장미꽃을 위해 쓴 시간이야."

어린 왕자는 여우의 말을 잘 기억해 두기 위해 또 되뇌었다.

"사람들은 이 진리를 잊어버렸어."

여우가 말했다.

"하지만 넌 그것을 잊으면 안 돼. 너는 네가 길들인 너의 장미에 대해 책임이 있는 거야."

"나는 나의 장미에 대해 책임이 있어."

어린 왕자는 여우의 말을 잘 기억해 두기 위해 다시 되뇌었다.

질문하는 어린 왕자

1. 어린 왕자는 자신의 꽃에게 무엇을 해주었나요? 왜 그런 것을 해주었나요?
2. 어린 왕자가 별에 두고 온 장미는 어린 왕자에게 왜 특별할까요?
3. 어린 왕자는 왜 별에 두고 온 장미에 대해 책임이 있다고 생각하나요?
4. 내가 오랜 시간을 들인 일이 있나요? 시간을 들이면 특별해지나요?
5. 여러분에게 소중하고 특별한 존재가 있나요? 그에게 무엇을 해주었나요?

22. 철도 신호원

"안녕하세요?."

"안녕."

철도 신호원이 말했다.

"아저씨는 여기서 무얼 하세요?"

"나는 기차 손님들을 천 명씩 묶어서 그들을 싣고 가는 기차들을 어느 때는 오른쪽으로, 어느 때는 왼쪽으로 보낸단다."

바로 그때, 불을 환하게 밝힌 급행열차 한 대가 천둥소리를 내며 역무실을 흔들어 댔다.

"저 사람들은 엄청나게 바쁘군요. 그들은 무얼 찾으러 가는 걸까요?"

어린 왕자가 물었다.

"그건 저 기차의 기관사도 모른단다."

그때 반대 방향에서 두 번째 불을 밝힌 급행열차가 천둥소리를 냈다.

"그들이 벌써 돌아오는 건가요?"

"조금 전 그 사람들이 아니란다. 서로 엇갈려서 지나가는 거지."

"그들은 자기가 살던 곳이 맘에 들지 않았나 봐요?"

"아무도 자기가 사는 곳에서는 만족하지 않는단다."

그때 세 번째의 불을 밝힌 급행열차가 천둥소리를 내며 우렁차게 달려왔다.

"저 사람들은 먼저 지나간 승객들을 쫓아가고 있는 거예요?"

"저 사람들은 아무것도 쫓아가는 게 아니란다."

"그들은 저 안에서 잠이 들었거나 아니면 하품하며 졸고 있지. 오직 어린이들만이 유리창에 코를 납작하게 대고 있을 뿐이지."

"어린아이들만이 자기가 무엇을 찾고 있는지를 알고 있어요. 아이들은 인형에게 자기 시간을 들여요. 그러면 낡은 인형이 아주 중요한 존재가 되는 거죠. 그래서 그 인형을 빼앗기면 막 큰 소리로 우는 거예요…."

"아이들은 운이 좋구나."

철도 신호원이 말했다.

> 생각을 나누어 봅시다.

💡 **이야기를 읽고, 다음 물음에 답해 봅시다.**

1. 어린 왕자와 여우의 대화입니다. 빈칸에 알맞은 말을 써봅시다.

너는 누구니?	난 여우야.
이리 와서 나와 함께 놀자. 난 지금 정말 (_____).	난 너와 함께 놀 수 없어. 난 너에게 길들여 지지 않았거든.
길들인다는 게 무슨 뜻이니?	길들인다는 것은(_____)

2. '길들이다'의 의미를 좀 더 생각해 보고, 빈칸에 적절한 말을 넣어봅시다.

사전에서 찾은 뜻	-
내가 생각하는 뜻	-
낱말을 넣어 만든 간단한 문장	- 유능한 훈련사는 사나운 개도 금방 순하게 길들인다.
	-

💡 **다음은 여우가 어린 왕자에게 한 말입니다. 여우가 이렇게 말한 이유를 생각하여 빈칸에 써봅시다.**

	여우의 말	이유
네가 나를 길들인다면~	너의 발걸음 소리는 나를 땅굴 속에서 밖으로 불러낼 거야.	- 발걸음 소리를 금방 구분해서 사냥꾼이 아니라는 걸 알기 때문에
	밀을 보면 네가 생각날 거야.	-
	만약 네가 네 시에 온다면 나는 세 시부터 행복해지기 시작할 거야.	-

💡 어린 왕자가 철도 신호원에게 한 말을 참고하여 물음에 답해봅시다.

> "아이들은 인형에게 자기 시간을 들여요. 그러면 낡은 인형이 아주 중요한 존재가 되는 거죠. 그래서 그 인형을 빼앗기면 막 큰 소리로 우는 거예요…."

1. 아이들에게는 (   )이 아주 (   )합니다.

2. 왜냐하면 (   )을 들였기 때문입니다.

3. 어린 왕자는 자기 별에 두고 온 (   )가 소중하다는 것을 깨달았습니다.

4. 어린 왕자는 소중한 존재에 대해 (   )이 있다고 생각했습니다.

'오직 마음으로 보아야 잘 볼 수 있다.'라고 말한 여우의 말에 대해 생각해 보고, 물음에 답해 봅시다.

1. 다음 그림을 보고, 빈칸에 알맞은 말을 써봅시다.

그림	눈으로 볼 수 있는 것	마음으로 볼 수 있는 것

2. '중요한 것은 눈에 보이지 않는다.'는 여우의 말은 무슨 뜻일까요? 자기의 경험이나 사례를 들어 글을 써봅시다.

내가 중요하다고 생각하는 것은 (   )이다. 그런데 이것은 눈에 보이지 않는다.

나는 _____

9장

23. 53분

"안녕하세요?"

"안녕."

상인이 말했다.

그는 목마름을 없애주는 새로 나온 알약을 파는 사람이었다. 일주일에 한 알씩 먹으면 물을 마시고 싶은 생각이 영영 사라지는 약이었다.

"왜 그걸 팔아요?"

"이건 시간을 엄청나게 절약해 주거든. 전문가들이 계산을 해보았는데 일주일에 53분씩 절약 되는 거란다."

"그 53분으로 뭘 하죠?"

"하고 싶은 걸 하지."

'만일 나라면….'

어린 왕자는 중얼거렸다.

'만일 나에게 마음대로 쓸 수 있는 53분이 있다면 그 시간에 맑은 물이 나오는 샘을 향해 걸어갈 거야.'

질문하는 어린 왕자

1. 목마름을 없애주는 약이 왜 시간을 절약해 주나요?

2. 시간을 절약하고 싶거나 시간이 더 있었으면 했던 적이 있나요?

3. 만일 무엇이든지 가능한 약을 만들 수 있다면 어떤 약을 만들고 싶은가요?

4. 일주일에 마음대로 쓸 수 있는 시간이 있나요? 그 시간에 무엇을 하나요?

5. 어린 왕자는 왜 맑은 물이 나오는 샘을 향해 걸어갈 것이라고 말했을까요?

24. 사막의 우물

비행기가 사막에서 고장을 일으킨 지 여드레가 되는 날이었다. 나는 아껴두었던 마지막 남은 한 방울의 물을 마시며 알약을 파는 상인 이야기를 듣고 있었다. 나는 어린 왕자에게 말했다.

"너의 기억들은 참 아름답구나. 그런데 나는 아직도 비행기를 고치지 못했어. 이제 마실 물도 없고. 천천히 샘을 향해 걸어갈 수만 있다면 정말 행복할 텐데!"

"내 친구 여우는요…."

"내 꼬마 친구야. 이제 더 이상 여우 이야기가 중요한 게 아니란다…."

"왜요?"

"왜냐하면 내가 이제 목이 말라 죽게 되었으니까…."

그는 내 말을 이해하지 못하고 이렇게 대답했다.

"설령 죽는다고 해도 친구가 있었다는 건 좋은 일이에요. 나는 내 친구 여우가 있었다는 게 정말 기뻐요."

'지금 이 친구는 어떤 위험에 처해 있는지 짐작하지 못하는군.'

나는 생각했다.

'이 친구는 배고픔도 목마름도 느끼지 않는군. 그저 약간의 햇빛만 있으면 돼.'

그런데 어린 왕자가 나를 바라보더니 내 마음을 읽은 것처럼 이렇게 대답하는 것이었다.

"나도 목이 말라요. 우리 우물을 찾으러 가요!"

나는 소용없다는 몸짓을 했다. 이 광활한 사막 한가운데에서 무턱대고 우물을 찾으러 간다는 것은 말도 되지 않는 일이었다. 그런데도 우리는 걷기 시작했다. 몇 시간 동안 말없이 걷다 보니 어둠이 내리고 별들이 불을 밝히기 시작했다. 나는 목이 말라서 열이 조금 났기 때문에 이 광경이 마치 꿈인 것처럼 느껴졌다. 어린 왕자가 마지막에 했던 말이 내 기억 속에서 춤을 추고 있었다.

"너도 목이 마르니?"

내 물음에 그는 대답하지 않고 이렇게 말하는 것이었다.

"물은 마음에도 좋을 거예요."

나는 그의 대답을 이해할 수 없었다. 하지만 아무 말도 하지 않았다. 나는 그에게 질문해서는 안 된다는 것을 알고 있었다. 그는 피곤해서 주저앉았다. 나도 그의 곁에 앉았다. 그는 잠시 침묵하더니 다시 입을 열었다.

"별들은 아름다워요. 보이지 않는 어느 꽃 한 송이 때문에."

"그래…."

나는 이렇게 대답하고 나서 말없이 달빛 아래 주름처럼 펼쳐져 있는 모래 언덕들을 바라보았다.

"사막은 아름다워요."

그가 다시 말했다. 그것은 사실이다. 나는 언제나 사막을 사랑해 왔다. 사막의 모래 언덕 위에 앉으면 아무것도 보이지 않는다. 하지만 무엇인가 침묵 속에 빛나는 것이 있다.

"사막이 아름다운 것은 어딘가에 우물을 감추고 있기 때문이에요."

나는 문득 사막의 그 신비로운 빛의 정체를 깨닫게 되어 깜짝 놀랐다. 어린 시절, 나는 오래된 낡은 집에서 살고 있었다. 그런데 그 집에 어떤 보물이 감춰져 있다는 이야기가 전해오고 있었다. 물론 그것을 발견한 사람은 아무도 없었고, 그것을 찾으려고 했던 사람도 없었을 것이다. 그런데도 그 보물 이야기 때문에 그 집은 매력적이었다. 우리 집은 가장 깊숙한 어느 곳에 보물을 감추고 있는 것이었다.

"그래. 집이든 별이든 혹은 사막이든 그걸 아름답게 하는 건 눈에 보이지 않는 거야."

"아저씨가 내 친구 여우하고 의견이 같아서 기뻐요."

어린 왕자가 잠이 들었다. 그래서 나는 그를 안고 다시 걷기 시작했다. 나는 가슴이 뭉클하였다. 깨지기 쉬운 어떤 보물을 품에 안고 걷는 느낌이 들었다. 마치 이 지구에는 이 아이보다 더 깨지기 쉬운 건 없는 것 같다는 느낌이 들 정도였다. 창백한 이마. 감은 눈, 바람에 나부끼는 머리카락을 달빛 아래에서 바라보며 나는 생각했다.

'지금 내가 보는 것은 껍데기일 뿐이야. 가장 중요한 건 눈에 보이지 않아.'

약간 열린 그의 입술에 보일 듯 말 듯 미소가 번졌다. 나는 또 생각했다.

'잠든 어린 왕자가 나를 이렇게 감동하게 하는 것은 자기의 꽃에 대한 그의 성실성 때문이야. 그가 잠들어도 마음 안에 장미꽃 한 송이가 등잔 속의 불꽃처럼 빛나고 있기 때문이야.'

그러자 그가 더욱 깨지기 쉬운 존재라는 생각이 들었다. 등잔의 불은 잘 보호해 주어야 한다. 바람 한 줄기에도 꺼지기 쉽기 때문이다. 나는 그렇게 걸어가다가 해가 떠오를 무렵에 마침내 우물을 발견하였다.

질문하는 어린 왕자

1. 어린 왕자와 글쓴이가 우물을 찾아 함께 떠나는 것은 무엇을 상징할까요?
2. 보이지 않는 무언가를 숨기고 있어서 아름다운 것이 주변에 있나요?
3. 물은 마음에도 좋을 것이라는 어린 왕자의 말에 대해 어떻게 생각하나요?
4. 나를 아름답게 만드는 내 안에 숨겨진 것은 무엇일까요?
5. 드러나는 아름다움과 숨겨진 아름다움의 예를 들면 어떤 것이 있을까요?

25. 도르래와 두레박

"사람들은 급행열차에 올라타지만 무엇을 찾으러 가는지 몰라요. 그래서 불안해하면서 계속 제자리에서 맴돌아요."

어린 왕자가 말했다.

"그래도 별 소용이 없는데…."

우리가 발견한 우물은 사하라 사막의 우물과 달랐다. 사하라 사막의 우물은 그냥 모래 속에 구멍을 파놓은 것 같이 생겼다. 그런데 이 우물은 마을의 우물과 비슷했다. 그러나 그곳에는 마을은 없었다. 그래서 나는 마치 꿈을 꾸는 것 같았다.

"이상하네."

내가 어린 왕자에게 말했다.

"모든 게 다 준비되어 있네. 도르래, 두레박, 밧줄…."

그는 웃으면서 밧줄을 잡고 도르래를 당겼다. 그러자 바람이 오래도록 잠을 자고 있을 때 낡은 풍차가 삐걱대는 것처럼 도르래가 그렇게 삐걱거렸다.

"들리세요, 아저씨? 우리가 이 우물을 잠에서 깨우니까 우물이 노래해요…."

나는 그가 밧줄을 당기다가 힘들어지는 것을 원하지 않았다.

"내가 할게. 너에게는 너무 무거워."

나는 천천히 두레박을 들어 올려서 우물 가장자리에 떨어지지 않게 놓았다. 좀 힘들었지만 내가 해낸 일에 대해 흐뭇한 마음이 들었다. 나의 귀에는 도르래의 노래가 아직도 들려왔고, 나의 눈에는 출렁이고 있는 우물 속에 햇살이 일렁이는 게 보였다.

"목이 말라요. 이 물을 마시고 싶어요. 이 물을 마시게 조금만 주세요."

나는 두레박을 그의 입술로 가져갔다. 그는 눈을 감고 물을 마셨다. 그것은 축제처럼 감미로운 일이었다. 그 물은 다른 물과는 다른 것이었다. 그것은 별빛 아래를 오래도록 걸어와서, 도르래의 노래를 들으면서 나의 두 팔이 힘을 들여서 얻어진 것이었기 때문이다. 내가 어린 소년이었을 때 받은 선물이 크리스마스트리의 불빛, 자정 미사의 음악, 사람들의 부드러운 미소로 인해 나에게 더욱 황홀한 기쁨을 준 것처럼 말이다.

"아저씨네 별에 사는 사람들은 한 정원에 장미꽃을 5천 송이나 가꾸지만 그들은 자기들이 찾는 것을 거기서 발견하지 못해요."

"그래, 발견하지 못한단다…."

"하지만 그들이 찾는 것을 단 한 송이의 꽃이나 물 한 모금에서 발견할 수도 있어요."

"그래 맞아…."

"하지만 눈으로 볼 수는 없어요. 마음으로 보아야 해요."

나도 물을 마셔서 숨을 편하게 쉴 수가 있었다. 해가 떠오를 무렵이 되자 사막은 꿀과 같은 빛깔이 되었다. 나는 그 꿀색에서도 행복을 느꼈다. 내가 걱정할 것이 무엇이 있었겠는가?

"아저씨, 약속을 지켜주세요."

어린 왕자가 내 곁에 앉아서 살며시 말했다.

"무슨 약속?"

"아저씨가 약속했잖아요. 양에게 입마개를 만들어 준다고요. 난 그 꽃에 책임이 있어요."

나는 대충 그려두었던 그림을 주머니에서 꺼냈다. 어린 왕자는 그림을 보고 웃으면서 말했다.

"아저씨가 그린 바오밥나무는 배추같이 생겼어요."

"아, 그래?"

나는 바오밥나무 그림에 대해서 매우 우쭐해 있었는데 말이다.

"아저씨가 그린 여우는, 귀가, 약간 뿔처럼, 너무 길어요!"

그는 또다시 웃었다.

"꼬마 친구야, 너무한다, 정말. 나는 보아뱀의 겉모습이나 안쪽 모습 밖에 그릴 줄 모른다고 했잖니?"

"아, 괜찮아요. 아이들은 다 알아볼 거니까요."

그가 말했다.

나는 연필로 입마개를 하나 그려서 어린 왕자에게 주었다. 가슴이 꽉 메어왔다.

"너에게는 내가 모르는 무슨 계획이 있나 보구나."

그러나 그는 내 말에는 대답하지 않고 이렇게 말했다.

"그거 알아요? 내가 지구에 떨어진 지도 내일이면 1년이네요."

그러고는 잠시 조용하더니 다시 말을 이었다.

"저는 바로 이 근처에 떨어졌었어요."

그는 얼굴을 붉혔다.

그러자 나는 또다시 왠지 모르게 묘한 슬픔이 밀려왔다. 그러면서도 한 가지 의문이 떠올랐다.

"그러면 일주일 전 내가 너를 우연히 만나게 된 그날 아침에 네가 사람 사는 고장에서 수백만 킬로 떨어진 곳을 혼자 걸어가고 있었던 것은 우연이 아니었구나. 너는 떨어진 지점으로 돌아가고 있던 거였구나?"

어린 왕자는 다시 얼굴을 붉혔다. 그래서 나는 조금 머뭇거리며 말을 이었다.

"아마 1년이 되어서 그런 것이었겠지?"

어린 왕자는 또 얼굴을 붉혔다. 그는 묻는 말에 대답하진 않았다. 하지만 얼굴을 붉힌다는 것은 그렇다는 뜻이 아니겠는가?

"아! 난 두려워진단다."

내가 어린 왕자에게 말하자 그는 내 말을 끊고 이렇게 대답하였다.

"아저씨는 이제 일을 해야 하니까 아저씨 기계로 돌아가세요. 난 여기서 아저씨를 기다리고 있을게요. 내일 저녁에 돌아오세요."

하지만 나는 마음을 놓을 수 없었다. 여우가 생각났다. 길들여 지면 조금은 울게 될 염려가 있는 것이다.

질문하는 어린 왕자

1. '우물을 잠에서 깨우니까 우물이 노래한다.'라는 말은 어떤 의미일까요?
2. 지구에 온 지 내일이면 1년이 된다는 어린 왕자의 말에 글쓴이는 왜 두려워졌을까요?
3. 사람들이 찾는 것 중 어떤 것들이 마음으로 보아야 발견할 수 있는 것일까요?
4. 아이들은 왜 글쓴이가 그린 그림을 모두 알아볼 수 있을까요?
5. 어린 왕자는 글쓴이를 길들였나요? 왜 그렇게 생각하나요?

💭 생각을 나누어 봅시다.

💡 이야기를 읽고 ( ) 안에 알맞은 낱말을 넣은 후, 적절한 그림이나 기호를 연결해 봅시다.

- 어린 왕자는 목마름을 없애주는 (   )을 파는 사람을 만났습니다. •
- 비행기가 고장을 일으킨 지 (   )가 되는 날 우물을 찾으러 떠났습니다. •
- 그들이 발견한 우물에는 도르래, (   ), 밧줄이 모두 준비되어 있었습니다. •

•

• 8

•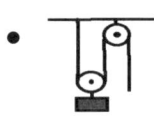

• 6

•

💡 다음 글을 읽고 물음에 답해봅시다.

1. 이야기를 읽고, 문장이 완성되도록 줄로 연결해 봅시다.

별이 아름다운 것은	•	•	보물이 감춰져 있다는 이야기 때문이다.
사막이 아름다운 것은	•	•	보이지 않는 어느 꽃 한 송이 때문이다.
낡은 집이 매력적인 것은	•	•	어딘가에 우물을 감추고 있기 때문이다.

2. 아래 낱말 상자를 참고하여 1번과 같은 문장을 만들어 봅시다.

멋진   매혹적인   신비로운   향기로운
눈부신   우정   꿈   마음   생명

· (   )이 (   )것은 (   ) 때문이다.

· (   )가 (   )것은 (   ) 때문이다.

💡 다음을 보고, 물음에 답해 봅시다.

안녕하세요? / 안녕!	왜 그걸 팔아요? / 이건 시간을 엄청 나게 절약해 주거든, 전문가들이 계산을 해보았는데, 일주일에 53분씩 절약되는 거란다.	그 53분으로 뭘하죠? / 하고 싶은 걸하지	만일 나에게 마음대로 쓸 수 있는 53분이 있다면 그 시간에 맑은 물이 나오는 샘을 향해 걸어갈 거야.

1. 목마름을 없애주는 알약이 우리에게 필요할까요? 그 이유는 무엇일까요?

2. 만일 내가 약을 파는 상인이라면 어떤 약을 팔고 싶은가요?

3. 우리에게 일주일에 53분의 시간이 더 주어진다면 무엇을 하고 싶은가요?

💡 다음 글을 읽고, 자기의 생각을 써봅시다.

⟨가⟩	⟨나⟩
그 물은 다른 물과는 다른 것이었다. 그것은 별빛 아래를 오래도록 걸어와서, 도르래의 노래를 들으면서 나의 두 팔이 힘을 들여서 얻어진 것이었기 때문이다.	2006년 로또 1등에 당첨되어 14억 원을 갖게 된 A씨는 얼마 지나지 않아 도박에 빠졌다. 돈을 모두 탕진한 그는 2008년 금은방, 편의점 등에서 물건을 훔치다 구속되었다.

1. 글 ⟨가⟩에서 '그 물'이 다른 물들과 다른 이유를 써봅시다.

2. 글 ⟨나⟩에서 A씨가 도박에 빠진 이유는 무엇이었을까요?

3. 글 ⟨가⟩ 또는 글 ⟨나⟩와 비슷한 나의 경험 또는 주변의 사례를 써봅시다.

4. 글 ⟨가⟩와 ⟨나⟩를 통해 우리가 얻을 수 있는 교훈은 무엇일까요?

10장

26. 독을 품은 노란 뱀

우물 옆에는 폐허가 된 오래된 돌담이 있었다. 다음 날 저녁, 일을 마치고 그에게 돌아가자 어린 왕자가 돌담 위에 다리를 늘어뜨리고 앉아 누군가에게 이렇게 말하고 있었다.

"아냐, 아냐. 날짜는 맞는데, 장소는 여기가 아니야."

나는 돌담을 향해 곧장 걸었다. 분명히 아무것도 보이지 않고 아무 소리도 들리지 않는데 어린 왕자는 또 혼자서 누군가에게 대답하고 있었다.

"그래 맞아. 내 발자국이 모래 위의 어디에서 시작되는지 가서 봐. 거기서 날 기다리면 돼. 오늘 밤 그곳으로 갈게."

나는 돌담에서 20미터쯤 되는 거리에 다다랐다. 하지만 내겐 여전히 아무것도 보이지 않았다.

어린 왕자는 잠시 말이 없더니 다시 말을 이었다.

"네 독은 좋은 거니? 분명히 나를 오랫동안 아프게 하지 않을 자신이 있는 거지?"

나는 가슴이 찢어질 듯 아프고 두방망이질 쳐서 그 자리에 우뚝 멈춰 섰다. 도무지 무슨 이야기인지 알 수가 없었다. 또 그가 말했다.

"그러면 이제 가봐. 나는 이 담장에서 내려가야겠어!"

그래서 나도 돌담 밑으로 시선을 내려보고는 기겁하고 말았다! 거기에는 삼십 초 만에 사람을 죽일 수 있는 노란 뱀 한 마리가 어린 왕자를 향해 몸을 꼿꼿이 세우고 있었다. 나는 권총을 꺼내려고 주머니를 뒤지면서 막 뛰어갔다. 그런데 그 노란 뱀은 나의 발걸음

소리에 마치 물줄기가 수그러들 듯이 서두르는 기색도 전혀 없이 가벼운 쇳소리를 내면서 천천히 돌 틈 사이로 미끄러져 교묘하게 사라져 버렸다. 나는 돌담 밑에 다다른 순간 눈처럼 창백한 나의 어린 왕자를 간신히 품에 안을 수 있었다.

"이게 도대체 어떻게 된 일이야? 아니 왜 뱀하고 이야기하고 있는 거야?"

나는 그가 항상 두르고 다니는 그 황금빛 머플러를 풀고 그의 관자놀이를 물로 적신 다음 그에게 물을 마시게 했다. 그러나 나는 이제 그에게 아무것도 물어볼 용기가 나지 않았다. 그는 나를 진지한 눈빛으로 바라보더니 두 팔로 내 목을 감싸 안았다. 나는 마치 총에 맞아 죽어가는 새처럼 뛰고 있는 그의 심장을 느낄 수 있었다.

"아저씨가 고장 난 그 기계를 고치게 되어서 기뻐요. 아저씨는 이제 집으로 갈 수 있게 되었어요."

"네가 그걸 어떻게 알았어?"

나는 천만다행으로 비행기를 고치는 데 성공했다는 걸 막 그에게 알리려던 참이었다! 그는 내 물음에 아무런 대답도 하지 않고 이렇게 덧붙였다.

"나도 오늘 집으로 돌아가요."

그러더니 슬픈 목소리로 말했다.

"내가 갈 길이 훨씬 더 멀고, 훨씬 더 어려워요."

나는 무언가 심상치 않은 일이 벌어지고 있다는 것을 깨닫고 있었다. 나는 그를 아기처럼 품 안에 꼭 껴안았다. 하지만 그는 내가 붙잡을 사이도 없이 깊은 심연 속으로 곧장 빠져들어 가고 있는 것만 같았다. 그는 진지하게 먼 곳을 바라보았다.

"나에겐 아저씨가 준 양이 있어요…. 그리고 그 양을 위한 상자도 있고. 입마개도 있어요…."

그러고는 쓸쓸히 미소를 지었다. 나는 한참 기다렸다. 그랬더니 그의 몸이 조금씩 따뜻해지고 있다는 것을 느낄 수 있었다.

"꼬마야, 넌 지금 겁에 질려 있어."

그가 겁에 질렸다는 것은 두말할 나위가 없었다. 하지만 그는 부드럽게 웃으며 말했다.

"오늘 저녁엔 훨씬 더 겁이 날 것 같아요."

나는 돌이킬 수 없는 어떤 일이 일어나고 있다는 느낌에 온몸이 얼어붙는 것만 같았다. 그리고 다시는 그의 웃음소리를 들을 수 없게 될 것이라는 생각에 견딜 수 없었다. 나에게는 그 웃음이 사막의 샘 같은 것이었다.

"얘야, 너의 웃음소리를 다시 듣고 싶구나."

그러나 그는 나에게 이렇게 말하는 것이었다.

"오늘 밤이면 꼭 일 년이에요. 작년에 내가 떨어졌던 그 자리 바로 위에 내 별이 보일 거예요."

"그냥 그건 다 나쁜 꿈이라고 말해 줄래? 그 뱀이니, 만날 장소니, 별이니 하는 이야기들 말이야."

그러나 그는 내 말에 대답하지 않고 이렇게 말했다.

"중요한 건 눈에 보이지 않아요."

"그래, 알아."

"꽃도 마찬가지예요. 아저씨가 만약 어떤 별에 사는 꽃 한 송이를 사랑한다면 밤하늘을 바라보기만 해도 감미로울 거예요. 별들이 모두 꽃을 피울 테니까요."

"그래."

"물도 마찬가지예요. 아저씨가 나한테 마시라고 준 물은 음악 같았어요. 도르래하고 밧줄 때문이었죠. 아저씨도 기억하죠? 물맛이 얼마나 좋았는지."

"그래."

"밤이면 별들을 바라보세요. 내 별은 너무 작아서 어디에 있는지 보여줄 수가 없어요. 어쩌면 그게 더 나을 것 같아요. 내 별은 아저씨에게는 많은 별 중 하나가 되는 거예요. 그러면 아저씨는 어느 별을 바라보아도 즐겁잖아요. 모든 별이 아저씨의 친구가 될 거예요. 그리고 내가 아저씨한테 선물을 하나 줄게요."

그는 다시 웃었다.

"아, 어린 왕자야, 어린 왕자야, 나는 너의 웃음소리를 듣고 싶단다."

"그게 바로 내 선물이에요. 이 물도 마찬가지고요."

"무슨 말을 하는 거니?"

"누구에게나 별이 있어요. 하지만 모두 다 똑같은 별은 아니에요. 별은 여행하는 사람에겐 길잡이지만 어떤 사람들에겐 그냥 작은 빛일 뿐이죠. 학자에게는 연구할 문제이고, 내가 만난 사업가에겐 금이겠지요. 하지만 그 별들은 모두 말이 없어요. 아저씨는 그런 사람들은 가질 수 없는 다른 별을 가지게 될 거예요."

"무슨 말을 하는 거니?"

"아저씨가 밤하늘을 바라보면 내가 그 별들 가운데 하나의 별에서 살고 있을 테니까, 내가 그 별들 가운데 하나의 별에서 웃고 있을 테니까, 아저씨에게는 모든 별이 전부 다 웃고 있는 것 처럼 보일 거예요! 아저씨는 웃을 줄 아는 별들을 갖게 되는 거예요!"

그는 다시 웃었다.

"그리고 아저씨의 슬픔이 가라앉으면, 시간은 슬픔을 가라앉게 하니까 나를 알았다는 것을 기뻐하게 될 거예요. 아저씨는 영원히 내 친구가 될 거예요. 나하고 같이 웃고 싶을 거고요. 그래서 아저씨는 가끔 괜히 창문을 열고 기뻐하겠죠, 그러면 아저씨 친구들은 아저씨가 하늘을 바라보며 웃는 걸 보고 깜짝 놀라겠죠. 그러면 그들에게 이렇게 말해 주세요. '그래, 별들은 항상 나를 웃게 해주거든!' 그러면 아저씨 친구들은 아저씨가 정신이 나간 것 같다고 생각하겠죠. 이건 내가 아저씨에게 못된 장난을 한 셈이 되겠네요."

그리고 그는 다시 웃었다.

"내가 아저씨에게 별이 아니라 웃을 줄 아는 작은 방울들을 엄청나게 주는 거죠."

그리고 그는 또 웃었다. 그러고는 다시 심각해졌다.

"오늘 밤엔, 오지 않으시는 게 좋겠어요."

"난 네 곁을 떠나지 않을 거야."

"나는 마치 아픈 것처럼 보일 거예요. 어쩌면 죽는 것처럼 보일 거예요. 그렇게 보이게 마련이거든요. 그런 걸 보러 오지 마세요. 그럴 필요가 없어요."

"난 네 곁을 떠나지 않을 거야."

그는 나를 걱정했다.

"내가 이렇게 말하는 것은요, 뱀 때문이에요. 뱀이 아저씨를 물면 안 되거든요. 뱀은 심술 맞은 동물이에요. 장난삼아 물기도 하거든요."

"난 네 곁을 떠나지 않을 거야."

그러나 무슨 생각이 들었는지 그는 안심하는 것 같았다.

"아, 맞다! 뱀이 두 번째 물 때는 독이 없대요."

그날 밤. 나는 그가 떠나는 걸 보지 못했다. 그는 소리 없이 사라져 버렸다. 내가 뒤쫓아가서 그를 따라잡았을 때 그는 빠른 걸음으로 망설임 없이 걷고 있었다. 그는 내게 이렇게 말할 뿐이었다.

"아! 아저씨 거기 있었어요?"

그러고는 내 손을 잡았다. 그러나 그는 여전히 내 걱정을 했다.

"아저씨가 여기 온 건 잘못한 거예요. 마음 아플 거예요. 내가 죽은 것처럼 보일 테니까. 정말로 죽는 건 아닌데…."

나는 아무 말도 하지 못했다.

"아저씨도 이해하죠? 거기는 너무 멀어서 나는 이 몸을 가지고 갈 수는 없어요. 너무 무거워서."

나는 아무 말도 하지 못했다.

"하지만 몸은 버려지는 껍데기 같은 거예요. 낡은 껍데기를 가지고 슬퍼할 건 없어요…."

나는 아무 말도 하지 못했다.

그는 조금 풀이 죽었다. 그러나 그는 다시 기운을 내려고 애를 썼다.

"그거 알아요? 나도 엄청 좋을 거예요. 별들을 바라보면 별들이란 별들은 전부 녹슨 도르래가 있는 우물로 보일 테니까요. 별들이 전부 나에게 마실 물을 부어 줄 거예요."

나는 아무 말도 하지 못했다.

"정말 즐거울 거예요. 아저씨는 5억 개의 작은 방울들을 가지게 되고 나는 5억 개의 샘물을 가지게 되니까요."

그러고는 그도 아무 말도 하지 않았다. 울고 있었기 때문이었다.

"여기예요. 나 혼자 한 걸음만 걸어가게 내버려 두세요."

그러더니 그는 그 자리에 주저앉았다. 무서웠기 때문이었다. 그가 다시 말했다.

"아저씨, 내 꽃이요, 나는 내 꽃에 대해 책임이 있어요. 게다가 그 꽃은 너무 약하거든요! 너무 순진하고, 보잘것없는 가시 네 개를 가지고 세상과 맞서서 자기를 지키려고 하고요."

나도 더 이상 서 있을 수가 없어서 주저앉았다. 그가 말했다.

"이제, 이게 다예요."

그는 또 조금 망설이더니 다시 일어서서 한 걸음 내디뎠다. 나는 움직일 수가 없었다. 그의 발목 부분에서 노란빛이 순간 반짝했을 뿐이었다. 그는 한순간 움직이지 않고 그대로 서 있었다. 그는 비명을 지르지도 않고 나무가 쓰러지듯 천천히 쓰러졌다. 모래 때문에 소리조차 들리지 않았다.

질문하는 어린 왕자

1. 어린 왕자는 왜 지구를 떠나려고 하나요?
2. 어린 왕자의 껍데기는 무엇이었나요?
3. 글쓴이가 비행기를 고쳐서 갈 수 있게 된 곳은 어떤 곳인가요?
4. 어린 왕자를 만난 후, 글쓴이는 무엇이 달라졌을까요?
5. 어린 왕자가 지구를 떠나가는 순간을 어떤 문장으로 표현했나요?

27. 편지

그게 벌써 6년 전 일이다. 나는 이 이야기를 지금까지 한 번도 하지 않았다. 나를 다시 만난 친구들은 내가 살아 돌아온 걸 몹시 기뻐했다. 나는 슬펐다. 하지만 그들에게는 이렇게 말했다.

"피곤해서 그래."

이제는 내 슬픔도 조금 가라앉았다. 하지만 완전히 가라앉은 것은 아니다. 나는 어린 왕자가 자신의 별로 돌아갔다는 걸 잘 알고 있다. 다음날 날이 밝았을 때 그의 몸이 사라지고 없었기 때문이다. 그의 몸은 그렇게 무겁지 않았다. 그래서 나는 밤이 되면 별들이 하는 이야기를 듣기 좋아한다. 별들은 5억 개의 작은 방울 같다. 그런데 이상한 일이 일어났다. 내가 어린 왕자에게 그려 준 입마개에 가죽끈을 달아주는 것을 잊은 것이었다. 그걸 양에게 씌워 줄 방법이 없을 것이다. 그래서 나는 '어린 왕자의 별에서 무슨 일이 일어나고 있을까? 양이 꽃을 먹었을까?' 하고 궁금해하곤 했다.

어떤 때는 '천만에, 그럴 리가 없어. 어린 왕자는 그의 꽃을 밤마다 유리 덮개로 잘 덮어 주고 양을 잘 지킬 테니까.'라고 생각해 본다. 그러면 나는 행복해진다. 그러면 별들이 모두 살며시 웃어 준다. 어떤 때는 '한두 번 방심할 수도 있어. 그러면 끝장인데! 어느 날 저녁 그가 유리 덮개 덮어 주는 것을 잊어버렸거나 양이 밤중에 소리 없이 밖으로 나와 버리면 어쩌지?'하는 생각이 들기도 한다. 그러면 작은 방울들은 모두 눈물방울로 변한다!

이건 정말 커다란 수수께끼다. 나와 마찬가지로 어린 왕자를 사랑하는 여러분에게는 이 세상 어딘가에서 우리가 알지 못하는 양 한 마리가 장미꽃을 먹었느냐, 먹지 않았느냐에 따라서 천지가 온통 뒤바뀌니까 말이다. 하늘을 바라보라. 그리고 자신에게 물어보라. 양이 그 꽃을 먹었을까 안 먹었을까? 그러면 거기에 따라 모든 게 얼마나 달라지는지 여러분은 알게 될 것이다. 그런데 어른들은 이게 그렇게 중요하다는 것을 아무도 이해하지 못할 것이다!

나에게 이 그림은 세상에서 가장 아름다우면서도 가장 슬픈 풍경이다. 앞 페이지의 그림과 같은 풍경이지만 여러분에게 잘 보여주기 위해 다시 한번 그린 것이다. 어린 왕자가 이 땅에 나타났다가 다시 사라진 곳이 바로 이곳이다.

이 그림을 잘 봐두었다가 여러분이 언젠가 아프리카 사막을 여행할 때, 이와 똑같은 풍경을 정확히 알아볼 수 있기를 바란다. 그리고 혹시 그곳을 지나가게 되면, 발걸음을 재촉하지 말고 잠깐 그 별 아래에서 기다려 보기를 간곡히 부탁한다! 그때 만약 한 어린아이가 여러분에게 다가오면, 그가 웃고 있고 머리카락이 황금빛이면, 그리고 묻는 말에 절대로 대답하지 않으면 여러분은 그가 누구인지 알아볼 수 있을 것이다. 그러면 내게 친절을 베풀어 주길 바란다. 내가 이렇게 한없이 슬퍼하게 내버려 두지 말고 그가 돌아왔다고 서둘러 나에게 편지를 보내 주길 바란다.

질문하는 어린 왕자

1. 글쓴이는 사막에서 살아 돌아왔는데도 왜 슬펐을까요?
2. 글쓴이는 살아 돌아온 후에 별을 보면서 어떤 생각과 감정이 들었을까요?
3. 글쓴이는 마지막에 그린 그림이 왜 세상에서 가장 아름답고 슬픈 그림이라고 했을까요?
4. 이 책을 다 읽고 나서 어린 왕자와 별에 대하여 어떤 생각이 드나요?

> 생각을 나누어 봅시다.

이야기를 읽고 다음 물음에 답해봅시다.

1. 어린 왕자가 돌아가려고 하는 곳은 어디인가요?

2. 가려고 하는 이유는 무엇인가요?

3. 어떤 방법으로 갈 계획인가요?

4. 어린 왕자가 글쓴이에게 주고 가는 선물은 무엇인가요?

5. 어린 왕자의 선물은 다음의 인물에게 각각 어떤 의미가 있다고 했나요?

사업가	•	•	연구할 문제
여행자	•	•	길잡이
학자	•	•	금
글쓴이	•	•	웃을 줄 아는 방울

어린 왕자가 글쓴이에게 주고 간 특별함에 대해 생각해 봅시다.

1. 어린 왕자가 한 말을 참고하여 빈칸에 자기의 생각을 써봅시다.

누구에게나 별은 있어요. 하지만 모두 다 똑같은 별은 아니에요.

누구에게나 (　　　　)은/는 있어요.

하지만 모두 다 똑같은 (　　　　)은/는 아니에요.

나의 (　　　　)은/는 아주 특별해요.

왜냐하면 _____

_____

2. 특별함의 의미를 생각하며 김춘수의 시 '꽃'의 일부를 고쳐 써봅시다.

내가 그의 이름을 불러주었을 때	
그는 나에게로 와서	
꽃이 되었다.	

💡 어린 왕자가 별을 떠나올 때의 장면을 돌아보고, 물음에 답해봅시다.

1. 어린 왕자는 장미꽃에 대해 어떤 마음을 갖고 자신의 별을 떠났을까요?

_____

_____

2. 1년 동안의 여행을 마치고 장미꽃에게 돌아갔을 때, 어린 왕자의 마음은 어떻게 바뀌었을까요?

_____

_____

3. 어린 왕자와 장미꽃이 다시 만나는 장면을 상상하며 다음 대화를 완성해 봅시다.

왕자: 안녕! 오랜만이에요.

장미: _____

_____

왕자: _____

_____

💡 어린 왕자 전체를 다시 읽고 물음에 답해 봅시다.

1. 어린 왕자와 어른들은 어떤 점이 다른 지 세 가지 이상 써봅시다.

2. 어린 왕자가 긴 여행을 하면서 만난 인물 중 친구가 될 수 있었던 인물은 누구인가요? 왜 그렇게 생각하나요?

3. 글쓴이가 어린 왕자를 만나고 헤어지는 과정을 통해 무엇을 깨달았는지 자신의 생각을 써봅시다.

ABOU Awesome Book of yoUrs

질문과 생각을 함께 나누는
질문하는 어린 왕자

초판 1쇄 인쇄 2025년 7월 30일
초판 1쇄 발행 2025년 7월 30일
지은이 초등독서교육연구회 생각의 그물

펴낸이 장원서
편집인 장원서
펴낸곳 ABOU

출판등록 제2025-000034호
주소 서울특별시 강서구 공항대로 190, 807호
전화 02-543-2542
이메일 abou@abou.co.kr

값 8,000원
ISBN 979-11-7503-033-6

이 책은 저작권법에 따라 보호받는 저작물이므로, 무단 전재 및 복제를 금합니다.
잘못된 책은 구입한 곳에서 교환해 드립니다.

ABOU Awesome Book of yoUrs

질문과 생각을 함께 나누는
질문하는 어린 왕자
-활동지 답안 사례-

어린왕자와 함께 떠나는 여행

출발! ➡

❶ 어린 왕자의 별에서 가장 마음에 드는 아이템을 그 이유와 함께 말해 보세요. ➡ ❷ 어린 왕자가 자신의 별을 떠난 이유는 무엇일까요? ➡ ❸ 왕은 훌륭한가요? 왜 그렇게 생각하나요? ➡ ❹ 사람들은 왜 좋은 말을 듣고 싶을까요? ➡

도착!

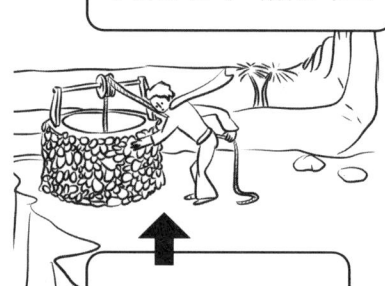

❶❾ 어린 왕자는 여행을 통해 무엇을 알게 되었을까요?

❶❽ 우물은 왜 사막을 아름답게 할까요?

 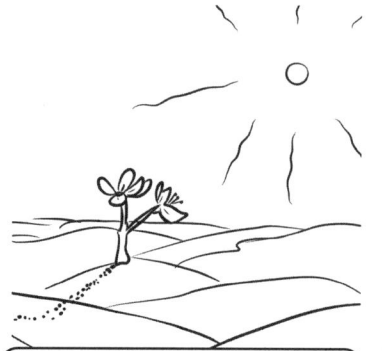  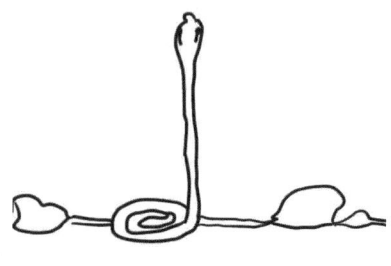

⬆ ❶❼ '가장 중요한 것은 눈에 보이지 않는다'라고 한 여우의 말은 무슨 뜻일까요? 예를 들어 설명해 보세요. ⬅ ❶❻ 볼품없는 꽃은 왜 지구에 사람들이 예닐곱 명 살고 있다고 말했을까요? ⬅ ❶❺ 미안해요. 3번 칸으로! ⬅ ❶❹ 뱀이 어린 왕자에게 한 말 중에 가장 인상 깊은 말은 무엇인가요?